A.M.O.R.

A.M.O.R.

Faça o seu estilo de amor trabalhar a seu favor no casamento

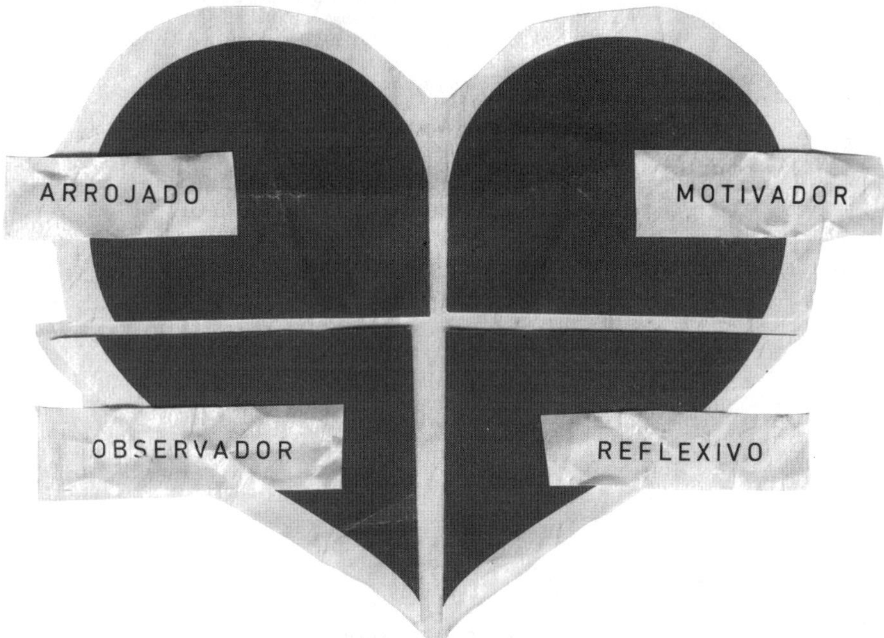

DRS. LES & LESLIE

PARROTT

Vida

Vida

Editora Vida
Rua Isidro Tinoco, 70 Tatuapé
CEP 03316-010 São Paulo, SP
Tel.: 0 xx 11 2618 7000
Fax: 0 xx 11 2618 7030
www.editoravida.com.br

■

Todas as citações bíblicas e de terceiros foram adaptadas segundo o Acordo Ortográfico da Língua Portuguesa, assinado em 1990, em vigor desde janeiro de 2009.

Editor responsável: Sônia Freire Lula Almeida
Editor-assistente: Gisele Romão da Cruz Santiago
Tradução: Juliana Kummel
Revisão de tradução: Josemar de Souza Pinto
Revisão de provas: Noemí Lucília S. Ferreira
Diagramação: Karine dos Santos Barbosa
e Claudia Fatel Lino
Capa: Arte Peniel

1. edição: jun. 2011

Dados Internacionais de Catalogação na Publicação (CIP)
(Câmara Brasileira do Livro, SP, Brasil)

Parrott, Les
A.M.O.R.: faça o seu estilo de amor trabalhar a seu favor no casamento / Les Parrott, Leslie Parrott; tradução por Juliana Kummel. — São Paulo: Editora Vida, 2011.

Título original: *L.O.V.E.*
ISBN 978-85-383-0207-0

1. Aconselhamento conjugal — Psicologia 2. Amor 3. Casais — Aspectos psicológicos 4. Casamento 5. Casamento — Aspectos religiosos — Cristianismo I. Parrott, Leslie. II. Título.

11-03324 CDD-646.78

Índices para catálogo sistemático:

1. Aconselhamento conjugal: Vida familiar 646.78
2. Casamento: Orientações: Vida familiar 646.78
3. Vida conjugal: Orientações: Vida familiar 646.78

Para Mark e Stephanie Cole.
Que vocês possam desfrutar tudo o que o A.M.O.R. tem para oferecer (e que, temos o pressentimento, vocês já desfrutam).

SUMÁRIO

Estilo de Amor, s.m. O modo pelo qual sua personalidade foi programada para dar e receber amor.

Prólogo

COMO AMAR COMO VOCÊ DESEJA

Façam tudo com amor.

1Coríntios 16.14

IMAGINÁVAMOS QUE NOSSOS dois filhos, de 10 e 5 anos, ficariam bastante impressionados. Ali estávamos nós, em um belo dia ensolarado, nos degraus da escadaria do Palácio Mirabell, em Salzburgo, na Áustria — exatamente onde Julie Andrews e as crianças que interpretavam os meninos da família Von Trapp filmaram a inesquecível cena da canção *Dó-ré-mi*, do célebre filme *A noviça rebelde*.

— Meninos — disse eu (Leslie) com entusiasmo —, vocês se lembram daquela cena do filme? Lembram-se de como eles todos cantavam e dançavam nestes degraus e...

— Nós não vamos ver a fortaleza? — interrompeu John, nosso filho mais velho, de 10 anos, justamente quando eu estava prestes a começar a cantarolar o *Dó-ré-mi*.

— É isso aí — aderiu o menor, Jackson. — Queria ver a fortaleza!

— Então? Podemos ir para lá agora? — John voltou a perguntar.

Ninguém poderia culpá-los. A fortaleza de Hohensalzburgo eleva-se sobre a cidade de Mozart com uma estrutura imponente e inconfundível e uma vista espetacular da cidade e dos Alpes cobertos de neve. Para meninos, que adoram se imaginar cavaleiro usando armadura e portando espada desembainhada, era uma atração simplesmente irresistível. Desisti assim da minha cantoria, e passamos a entoar *Climb Ev'ry Mountain*,[1] enquanto, no vagonete do plano inclinado, subíamos íngreme encosta para visitar a grande fortaleza e ver todas as armas e couraças que tanto fascinam os garotos.

Vale ressaltar que, durante sua longa história, essa fortaleza, de quase mil anos, nunca foi capturada nem sitiada com sucesso por seus inimigos. É esse exatamente o ponto a que queríamos chegar. As fortalezas são projetadas para manter as pessoas em segurança e fora de perigo. Também em um sentido muito real, este livro foi planejado para ajudar você a construir uma fortaleza em torno de seu relacionamento conjugal. Destina-se a manter o amor vivo e saudável; a mantê-lo a salvo — a salvo das rixas que inevitavelmente atacam todos os casais desprevenidos, a salvo das opiniões polarizadas que tentam separá-los, a salvo das situações inexplicáveis que nos fazem indagar por que decidimos ficar juntos apesar de tudo.

A parte mais importante de uma fortaleza é a chamada torre de menagem. É o setor mais importante e protegido de um castelo, porque ali são guardados os itens essenciais à sobrevivência durante um cerco. Aliás, cristãos de todo o mundo, ao encerrar seus cultos de adoração, costumam orar a bênção sacerdotal, que diz: "O Senhor te abençoe e te guarde" (Números 6.24). Guardar ou resguardar é, de fato, importante; e é justamente o que visa a fazer pelo seu

[1] Canção do filme **A noviça rebelde**, cujo título, traduzido literalmente, significa "Escale todas as montanhas". [N. do T.].

relacionamento matrimonial aquilo que iremos apresentar neste livro. Queremos mostrar, enfim, como amar seu cônjuge do modo que você deseja — como amá-lo de todo o coração.

Este não é, no entanto, um livro de técnicas para ajudar a melhorar seu casamento. Não pretendemos ensinar uma estratégia inteligente em três lições para melhorar o seu relacionamento. Não. É um livro mais profundo, que chega ao seu íntimo e se torna pessoal. Muito pessoal. Este livro, na verdade, é sobre você.

Naturalmente que não o conhecemos; mas sabemos que você é único no gênero — que ninguém mais no Planeta é exatamente como você. Sabemos também que o mesmo se aplica ao seu cônjuge. Por isso, tanto este livro quanto a avaliação *on-line* [em inglês] que o complementa concentram-se em cada uma de suas qualidades pessoais. Mais ainda: os recursos aqui apresentados têm como objetivo ajudar você a descobrir como é a combinação sem par da personalidade de vocês e como a personalidade de ambos pode levar à criação de um "Estilo de Amor" próprio, destinado a resguardar e proteger para sempre o seu casamento. Queremos mostrar, enfim, que poucas coisas podem proteger mais o âmago do seu amor um pelo outro do que a compreensão de como cada um de vocês foi programado para amar.

Antes de seguirmos em frente, no entanto, gostaríamos que soubesse como este livro está estruturado e como poderá aproveitá-lo ao máximo.

Como aproveitar ao máximo este livro

Este não é um livro matrimonial (ou pré-matrimonial) típico. Ele se parece mais com um programa ou uma experiência, que o conduz a uns poucos passos comprovados, com o objetivo de os aproximar um do outro. Depois de ler a Primeira Parte, "O que é 'Estilo de Amor'?", você será conduzido a uma avaliação *on-line* opcional e, em seguida, ao(s) capítulo(s) da Segunda Parte, "Os quatro Estilos de Amor", que dizem respeito especificamente a você e a seu casamento. Quer decida fazer a avaliação *on-line* quer não, você perceberá que a Segunda Parte é aplicável e prática. O mesmo ocorre na Terceira Parte, "Como seu Estilo de Amor pode trabalhar em seu favor", onde aprenderá estratégias pessoais e específicas para amar o seu cônjuge.

Você não precisa ler necessariamente todas as páginas deste livro, apenas as páginas diretamente relevantes para você e seu cônjuge. Se já leu algum de nossos outros livros, sabe, então, que estamos prontos a proporcionar todo e qualquer recurso em potencial que atenda à sua necessidade. Eis o que colocamos à sua disposição, para seu uso à medida que descobre seu estilo pessoal de amor:

Avaliação on-line [em inglês] de seu Estilo de A.M.O.R [L.O.V.E. Style]

Evidentemente, se você está lendo este livro é porque tem o maior interesse em compreender qual o seu Estilo de Amor pessoal e próprio. Para isso, dispomos de uma avaliação *on-line*, simples, que se destina a ajudar você a chegar a essa compreensão. Abordamos essa avaliação em mais detalhes no capítulo 2. No entanto, se estiver curioso por conhecê-la, saiba que pode encontrá-la em www. RealRelationships.com [*site* em inglês]. A avaliação leva menos de dez minutos e poderá proporcionar cerca de 15 páginas de informações personalizadas sobre o seu modo especial de dar e receber amor (além de exercícios *on-line* para serem aplicados com o seu cônjuge). Como está lendo este livro, você tem direito a receber, para tal conexão, um desconto especial. Para tanto, entre no *site* <www. RealRelationships.com> e digite a palavra "*LOVE*".

Questões para refletir e discutir

No final de cada capítulo deste livro, há questões para sua reflexão e discussão. Essas questões se destinam, especialmente, a ajudar você a aplicar o conteúdo do capítulo ao seu relacionamento conjugal. Não existem, no caso, respostas certas ou erradas. As questões servem tão somente de trampolim para estimular o pensamento e a discussão — preferencialmente com seu cônjuge ou em um pequeno grupo formado por vocês dois com outros casais.

Livros opcionais de exercícios, para o marido e para a esposa

Ao longo destes anos, aprendemos que cerca de 50% dos casais que leem nossos livros gostariam de contar com livros opcionais de exercícios, que conduzissem o assunto de cada capítulo a um nível mais pessoal. Assim, tal como o fazemos em nossos livros *Love Talk* [Conversa de amor], *Your Time-Starved Marriage* [Sem tempo para o casamento], *Trading Places* [Trocando de lugar] e *Saving Your Marriage Before It Starts* [Como salvar seu casamento antes mesmo de começar], apresentamos, neste, um jogo de livros de exercícios — um para o marido, outro para a esposa. Não são de leitura obrigatória; são simplesmente recomendados para casais que queiram se aprofundar mais no assunto.

Se você escolher usar esses livros de exercícios, verá que há um exercício ou tese pessoal correspondente a cada um dos capítulos. Neles, são indicados exercícios específicos para serem completados em cada capítulo.

Kit de DVD para pequenos grupos

Uma das melhores formas de colocar em prática materiais como este é em um grupo pequeno com outros casais.

Se essa for a sua forma preferida, ficará satisfeito em saber que desenvolvemos um *kit* de DVD ideal para esse propósito. (Também poderá ser utilizado para se acrescentar à experiência pessoal do casal.) Esse *kit* contém várias partes, tendo sido planejado para ser envolvente e divertido e facilitar a experiência de grupo.

Além disso, os livros de exercício para o esposo e para a esposa possuem uma seção no fim destinada a enriquecer sua experiência com o DVD.

Nossas respostas on-line

Se você já acessou nosso *site*, <www.RealRelationships.com>, sabe então que possuímos mais de mil apresentações em vídeo respondendo a perguntas enviadas por casais. Não são respostas escritas. São respostas diretas, em vídeo, dadas a questões reais, de casais como você e seu cônjuge. Pode procurá-las por palavras-chaves e, se não encontrar o que está procurando, entre em contato conosco que providenciaremos o que está buscando. O acesso às apresentações é inteiramente gratuito.

O caminho mais excelente

Henry Drummond, escritor, ministro e professor escocês do século XIX, iniciou uma famosa preleção sua, *A coisa mais importante do mundo*, com uma pergunta: "O que é o *summum bonum* — o dom supremo?". Era o ano de 1883, e Drummond estava diante de uma classe de estudantes universitários: "Vocês têm a vida diante de vocês e só podem vivê-la uma vez. Qual é, então, o objeto de desejo mais nobre, o bem supremo a desejar?".

A pergunta, retórica, não exigia resposta. Todos, provavelmente, já supunham qual fosse: o amor. O amor é o dom supremo. Ele nos tira de dentro de nós mesmos. O amor vê além do alcance da visão humana — vê além dos muros do ressentimento e da barreira da traição. Está acima das exigências mesquinhas e dos conflitos da vida e inspira nosso espírito a transcender à tentação de nos contentarmos com relacionamentos, apesar de corretos, medíocres. O alvo do amor é mais elevado. O amor nos leva a alcançar nossos ideais, acima de interesses próprios. Ele nos encanta com o indício do que pode ser possível. Não há dúvida quanto a isso: o amor é o *summum bonum* — o "caminho ainda mais excelente" (1Coríntios 12.31).

Ao amar como você deseja, seu casamento há de se tornar o lugar mais seguro da terra. Todo casal comprometido em desfrutar tudo aquilo que o casamento tem para oferecer deve se tornar estudioso de amor. E não há melhor condição de compreendê-lo de forma prática do que aprendendo qual é o seu Estilo de Amor.

Les e Leslie Parrott
Seattle, Washington

PRIMEIRA PARTE

O QUE É "ESTILO DE AMOR"?

ESTA SEÇÃO DEFINE como iremos nos aprofundar nos detalhes de seu estilo específico de amor. Revela quanto seu casamento é especial. Jamais duas pessoas com as combinações específicas de qualidades pessoais como a de vocês dois se haviam casado antes. Iremos, assim, destacar vários pontos de importância vital a respeito da personalidade de ambos e de que maneira eles moldam seu casamento.

O segundo capítulo desta seção introdutória prepara-o para realizar uma avaliação *on-line*, que lhe dará uma compreensão sólida de como a disposição inata de sua personalidade, ímpar, pode se tornar acessível, ao responder a duas importantes perguntas. Essas perguntas mostram o ponto de partida de seu Estilo de Amor.

POR QUE AMAMOS COMO AMAMOS

Todas as cerimônias nupciais são semelhantes,
mas cada casamento é diferente.

John Berger

— **POR QUE VOCÊ** não gostaria de saber disso? — perguntou Les.

— Porque nem sempre é bom saber determinadas coisas — replicou Leslie.

— Está me dizendo que, se pudesse conhecer o seu DNA em detalhes, não iria querer conhecê-lo? — ele insistiu.

— Não. Não iria.

— Não consigo entender você. Informação é poder. Essa informação dará a você o poder de entender o próprio genótipo.

— Bem, por enquanto, eu me sinto melhor não tendo esse poder.

> Adoro estar casada. É maravilhoso termos encontrado aquela pessoa especial que queremos incomodar pelo resto da vida.
>
> *Rita Rudner*

Essa animada conversa durou uns bons trinta minutos. Já havíamos colocado nossos filhos na cama e estávamos desfrutando quietude da noite. Estávamos sentados no escritório de Les, quando ele disse entusiasmado:

— Ouça isso.

Começou a ler um artigo a respeito de uma das "Invenções do Ano" da revista *Time*: um teste de DNA, a ser vendido no varejo, que podia fornecer um resumo *on-line* da própria constituição genética da pessoa (bastando, para isso, que a pessoa colocasse nele uma amostra de sua saliva).

Les estava animadíssimo, pronto a gastar todo o nosso suado dinheirinho nesse *kit* à base de cuspe que lhe diria se era propenso a doença de Parkinson, calvície masculina, dor nas costas, síndrome das pernas inquietas, além de outras 92 informações biológicas.

Eu? Eu não. Disse-lhe que estava muito satisfeita sem precisar saber nada disso — algo que, ao que parece, foi um assombro para ele.

— Provavelmente, essa é uma das coisas que o relatório de seu DNA diria.

— O quê? — perguntei, genuinamente interessada.

— Talvez o teste revelasse por que você não tem mais iniciativa e curiosidade em relação a essas questões — respondeu Les, brincando, mas apenas em parte.

— Está aí um relatório em que eu teria interesse.

— Como assim?

— Gostaria de ter um relatório que revelasse meus traços de personalidade e os comparasse com os seus, para mostrar como é que as nossas duas personalidades se mesclam para moldar nosso relacionamento matrimonial.

Essa conversa tornou-se o catalisador da elaboração deste livro que você tem em mãos. Há anos vínhamos estudando e pesquisando o assunto. Todavia, só naquele momento percebemos, instantaneamente, como uma avaliação como essa poderia ser útil não apenas para o nosso relacionamento, mas também para tantos outros. Afinal, se alguém pudesse conhecer com precisão a disposição inata de seu cônjuge para amar, sem mencionar a própria tendência, isso não iria restringir, quase imediatamente, o número de conflitos que se enfrenta? Com certeza! Não geraria modos mais rápidos e mais fáceis de compreender um ao outro e aproximá-los mais? Sem dúvida!

Eis por que dedicamos este primeiro capítulo à explicação de por que você ama como ama.

Está tudo em seus genes

Antes de tudo, queremos deixar claro que nós dois somos psicólogos. Temos trabalhado por mais de duas décadas em aconselhamento de casais e pesquisas sobre o casamento. No entanto, nunca vimos nem conhecemos antes uma avaliação detalhada de como as personalidades de duas pessoas se combinam para criar um "Estilo de Amor" pessoal.

É claro que existem avaliações de personalidade as mais variadas e eficazes para os indivíduos. Existem também muitos testes matrimoniais, alguns deles muito bons, para diagnosticar questões de relacionamento. Todavia, uma avaliação que englobasse ambos os parceiros do casamento estava fazendo falta.[1] Isso, agora, está sendo solucionado.

Junto com um grupo de especialistas, dedicamos nosso tempo e considerável empenho em desenvolver uma avaliação *on-line*, válida e confiável, que, como já dissemos, complementa este livro — a avaliação *L.O.V.E. Style* [Estilo de Amor]. Falaremos mais a seu respeito no capítulo seguinte. Por enquanto, queremos que saiba por que acreditamos que essa avaliação poderá revolucionar seu casamento.

Acontece que o seu DNA — aquela molécula encontrada em quase todas as células do corpo — não somente tem

[1] É interessante ressaltar que uma área que parece dedicar grande empenho em compreender a personalidade com relação a aspectos mais amplos da vida é a de seleção para liderança e gerenciamento no local de trabalho. A "Grade gerencial", de Blake e Mouton, e a "Teoria de X e Y", de McGregor, são bons exemplos.

codificado o projeto básico de seus traços e predisposições biológicas, mas contém também muito da codificação de sua personalidade básica;[2] e sua personalidade desempenha um papel capital em sua vida amorosa. A premissa fundamental deste livro é, na verdade, a seguinte: *Você ama do modo que ama por causa da sua constituição genética.*

Digamos isso de outra forma. Seu "Estilo de Amor" reflete o agrupamento da maioria de seus traços genéticos, que o fazem amar do modo que ama. Seus genes, junto com o ambiente em que você foi criado, moldaram seu desejo de ser amado de determinados modos específicos.[3] Seus genes moldam também a maneira que você procura amar seu cônjuge. Quando duas pessoas se casam e combinam suas constituições genéticas, as diferenças, então, são inevitáveis.[4] Nenhum marido e nenhuma esposa, não importa quanto tenham em comum, possuem a mesma personalidade. Algumas dessas diferenças são bastante evidentes; outras, são tão sutis que podem aturdir até mesmo os casais mais perspicazes, fazendo-os coçar a cabeça. "Por que ele teria dito isso?", indaga a si mesma, confusa, a mulher; e o marido, perplexo, se pergunta: "Como pode ela se sentir assim, assim?".

> Casamento é uma aliança entre duas pessoas: uma que nunca se lembra de aniversários e outra que nunca os esquece.
>
> *Ogden Nash*

O que surpreende, no entanto, é que os seres humanos têm 99,9%

[2] É claro que os genes não respondem por toda a personalidade, apenas por suas sementes. O ambiente também desempenha um papel significativo. O desajeitado nome dado pelos cientistas para essa permuta é "correlações evocativas gene-ambiente", assim chamada porque se acredita que a constituição genética das pessoas gera reações específicas nas outras, o que, por sua vez, influencia a personalidade delas.

[3] Plomin, Robert et. al. **Behavioral Genetics**. 5th. ed. New York: Worth Publishers, 2008.

[4] Plomin, Robert. Behavioral Genetics and Personality Change, **Journal of Personality**, 58, n. 1, mar. 1990. p. 191-220.

do DNA em comum. Pense nisso! Significa que apenas 0,1% do DNA de cada pessoa é exclusivo.[5] Quer você tenha nascido na Argélia, quer na Argentina, quer no Zaire, quer no Zimbábue, sua constituição genética é extremamente semelhante de qualquer outra pessoa na terra. Seu genoma e o do presidente dos Estados Unidos são 99,9% idênticos. Naquela nossa famosa dupla hélice de dois cordões entrelaçados de DNA, apenas uma fração muito pequena nos torna diferentes uns dos outros. No entanto, essa minúscula porção é suficiente para criar verdadeiros abismos de diversidade, que acabam causando problemas a quase todos os casais do mundo.

Por que seu casamento é incomparável

O que é esse 0,1% de diferença, que faz que cada pessoa seja única e incomparável em relação a todas as outras? Alguns o chamam de temperamento. Outros, de natureza, ou caráter, ou personalidade. Os místicos e religiosos o chamam de espírito. Seja qual for, porém, a denominação que lhe deem, todos nós o possuímos. Tal como a impressão digital, essa minúscula diversidade genética torna cada um de nós totalmente único e diferente. De que modo? Herdamos, de nossa mãe e nosso pai, 3 bilhões de pares de nucleotídeos, ou seja, bases químicas de informação genética. Todas as pessoas possuem uma alteração ou diferença a cada mil pares de nucleotídeos, aproximadamente. Isso significa que a diferença de apenas 0,1% representa nada menos que 300 milhões de distinções químicas — já imaginou? Esses 300 milhões de diferenças entre seu genoma e o de outras pessoas, esses 300 milhões de fontes de informação genética diferentes, fazem de sua pessoa uma personalidade única.

---

[5] É por isso que o DNA presente em uma cena de crime pode ser fortemente relacionado a uma pessoa.

Claro que o mesmo é válido para seu cônjuge. Seu casamento é, portanto, uma união de duas personalidades especiais e únicas. Não há, nem nunca houve antes no mundo, uma combinação igual por igual à de vocês. Sua união e seu relacionamento conjugais são, de fato, incomparáveis; não têm precedentes.

Por isso, já deve ter percebido que o que funciona muito bem para outro casal parece não funcionar muito bem com vocês dois. Temos uns amigos que se casaram mais ou menos na mesma época que nós, quase vinte e cinco anos atrás. Quando se pergunta o que é que mantém tão firme o seu casamento, eles respondem que é porque aprenderam a jamais brigar:

> Há pouca diferença entre as pessoas, mas essa pequena diferença faz uma grande diferença.
>
> *W. Clement Stone*

— Temos francas discussões, mas nunca erguemos a voz um para o outro — afirma um deles. Aprendemos a nos disciplinar e, quando isso começa a acontecer, contamos até dez e conseguimos nos controlar.

— Você está brincando? — duvida Les. — É possível isso na vida de um casal?

— Conosco funciona! — respondem sorrindo.

Na verdade, funciona. São um casal muito feliz. No entanto, Les e eu seríamos os primeiros a dizer que isso não se enquadra em nossa vida de casados. Não que tenhamos muitas disputas verbais. De modo nenhum. Felizmente, aprendemos a lidar com muitos de nossos conflitos ao longo dos anos. Mas não foi contando até dez.

> Casamento é uma aliança estabelecida entre um homem que não consegue dormir com a janela fechada e uma mulher que não consegue dormir com a janela aberta.
>
> *George Bernard Shaw*

O fato é que cada casal é diferente. Foi essa diferença que levou o poeta alemão Heinrich Heine a comparar o casamento a um "alto-mar para o qual ainda não foi inventada uma bússola"! Certamente, há técnicas e estratégias universais que podem ajudar praticamente todos os casais. A empatia é um bom exemplo. Que relacionamento conjugal não se beneficiaria de mais empatia? Entretanto, pôr em prática uma técnica ou estratégia para aumentar a empatia de cada casal transforma-se em um desafio que depende da combinação de personalidades do casal.

Quando as "máscaras" caem

Todo outono, por muitos anos, eu (Les) venho ministrando o curso de uma disciplina universitária chamada "Personalidade". O curso faz parte de diversos currículos de ensino nos Estados Unidos, e, segundo os conhecedores do assunto, é conhecimento essencial à educação básica na ciência da psicologia.

Leslie e eu acreditamos que esse deveria ser também um conhecimento essencial a toda pessoa que fosse se casar. Por quê? Porque se trata de um estudo das diferenças individuais, e, quando se estuda como as pessoas diferem umas das outras, passa-se a compreender como essas diferenças podem servir para nos aproximar.

Comecemos com uma definição: personalidade é o conjunto de características de uma pessoa que influencia de maneira ímpar o seu modo de pensar, as suas motivações e o seu comportamento.

A palavra "personalidade" vem do termo *persona*, que, em latim, significa *máscara*. É importante observar que o teatro, em suas origens, no mundo antigo, era todo representado com os atores usando máscaras — não propriamente como um artifício, para esconder ou disfarçar a identidade das personagens, mas justamente o contrário: para identificar, significar e caracterizar cada tipo ou personagem em cena.

Vejamos, agora, a situação, em geral, no que diz respeito ao amor e ao casamento. Pense, por exemplo, no primeiro encontro de vocês dois. Quem sabe, vocês foram a uma lanchonete ou a um restaurante? Pelo que me lembro, nós fomos ao Magic Pan, em Kansas City, no famoso Plaza. Ou talvez vocês tenham ido ao cinema, ou ver uma peça, ou outro entretenimento qualquer. Provavelmente, você ainda se lembra do que estava vestindo, ou do sorvete que tomaram. Poderá, até mesmo, se lembrar do que conversaram e ser capaz de trazer à memória algumas impressões que teve daquele primeiro encontro. Por quê? Porque, como a maioria das pessoas, você investiu muita energia naquele momento. Empenhou-se por criar uma impressão positiva nessa outra pessoa, que, por fim, tornou-se seu cônjuge. Mesmo que você haja decidido antes que iria ser autêntica e simplesmente você, não teve certamente condição de deixar de sentir uma forte pressão para "representar" o papel da melhor versão possível de... *você*.

> Correntes não mantêm um casamento. São fios, centenas de pequeninos fios, que mantêm as pessoas unidas ao longo dos anos. É isso que faz um casamento durar — mais do que a paixão ou mesmo o sexo!
>
> *Simone Signoret*

De fato, é consenso geral que quase todas as pessoas usam alguma espécie de máscara em seus primeiros encontros. A máscara pode ser usada durante algum tempo, caso se deseje prolongar a representação da melhor versão possível de si mesmo. Alguns podem argumentar ser conveniente que a máscara continue sendo usada até mesmo nos primeiros tempos do casamento. Mas, cedo ou tarde, a máscara cai. As pessoas reais — as reais personalidades — são então reveladas. Cada um dos cônjuges passa a saber exatamente o que o outro faz quando está magoado, feliz, com ciúmes, irritado e assim por diante. Não há como evitar. Ao convivermos por muito tempo com uma pessoa em situações as mais variadas, acabaremos descobrindo a pessoa verdadeira que nela existe. É por isso que alguém já disse que "o amor é cego, mas o casamento lhe restaura a visão".

> A dificuldade no casamento é que nos apaixonamos por uma personalidade, mas precisamos viver com um temperamento.
>
> *Peter de Vries*

Temos um amigo, Jim Gwinn, que diz com frequência aos casais de noivos que está aconselhando: "Lembrem-se que as coisas continuarão a ser como agora, apenas mais acentuadas". Este é o seu modo de dizer que qualquer coisa que a pessoa considere um pouco irritante em seu noivo ou noiva durante o noivado não irá desaparecer depois do casamento. Muito pelo contrário. O que se pode dizer é que a pessoa amada está apenas amenizando as características próprias, das quais você há de ver a manifestação plena em breve, quando se tornarem marido e mulher.

> O que você é quando pessoa solteira será como pessoa casada, apenas em um grau mais elevado. Qualquer traço de caráter negativo é intensificado no relacionamento conjugal, pois ambos se sentem livres para baixar a guarda — a outra pessoa já está comprometida com você, e você não precisa mais se preocupar em não assustá-la.
>
> *Josh McDowell*

Se o amor é cego, o que estou vendo então?

O comediante Bill Cosby disse uma vez: "Duas pessoas casadas vivendo juntas, dia após dia, é, inquestionavelmente, o grande milagre que o Vaticano nem percebeu". Ele tem razão. Quando as máscaras caem e o casal ingressa no casamento com suas diferentes personalidades reais, pode parecer de fato um tanto miraculoso que o relacionamento perdure ano após ano.

O que é ainda mais espantoso é que um casamento pode não apenas sobreviver, mas, na verdade, até florescer, a despeito de duas personalidades distintas e voluntariosas que se enfrentam dia após dia. Como isso pode acontecer? Vamos parar um minuto para refletir sobre alguns fatos importantes a respeito da personalidade, que podem lançar luz sobre a questão.

> O amor não é cego — ele vê até demais, não de menos. Mas, porque vê demais, sua tendência é ver de menos.
>
> *Julius Gordon*

A personalidade pode ser visível

Claro que jamais conseguiremos tirar a radiografia de uma personalidade; mas podemos vê-la. Como? É que a nossa personalidade fica evidente por meio do nosso comportamento. Podemos saber algo a respeito da personalidade de alguém ao observar que a pessoa, por exemplo, faz uma pesquisa muito acurada antes de comprar uma máquina fotográfica. Podemos deduzir algo a respeito da personalidade de outro se vemos que é capaz de comprar um aparelho caro por impulso. Nossas atitudes revelam, de fato, nossa personalidade. Como disse Yogi Berra, em uma frase famosa: "Podemos observar muito só olhando". Especialmente quando "olhar" é uma atividade praticada dia e noite, no casamento.

Nosso cônjuge é testemunha ocular e diária de nossas peculiaridades. É quase como se estivéssemos sob sua constante supervisão, embora nunca houvéssemos pretendido isso. Só o tempo que um casamento geralmente dura não pode deixar de nos tornar atentos observadores das características um do outro, à medida que estas se fazem visíveis em nossas reações, expressões e comportamentos.

Nossa personalidade pode realmente ser visível, e você não precisa nem pensar muito para se convencer inteiramente disso.

A personalidade é dada por Deus

Você não tem como escolher sua personalidade, tal como escolhe, por exemplo, suas roupas. De certo modo, a verdade é que você conta somente com determinada personalidade para sua vida. É algo com que você nasce. Claro, porém, que você pode modificar um tanto de sua personalidade. Sua reação ao ambiente que o rodeia pode levar você a cultivar ou a reprimir certos aspectos dela. Contudo, de modo geral, sua personalidade representa suas características ou tendências naturais.

Pergunte a qualquer mãe que tenha pelo menos dois filhos: ela, provavelmente, dirá que eles foram e continuam diferentes desde o começo. Um filho, por exemplo, pode ser muito afável e sorrir para todos, enquanto o outro fica sempre arredio na presença de estranhos. Cada um deles nasceu daquele jeito.

O fato é que a personalidade de cada um está nos genes. É congênita. É dada por Deus. É inata. Herdamos cada qual um conjunto de características nossas distintas, fundamental à nossa natureza própria.

> Não tente assumir uma nova personalidade; não funciona.
>
> *Richard M. Nixon*

Você, com certeza, já ouviu o seu cônjuge dizer algo como: "Mas você não é assim!". Se você for uma pessoa introvertida, pode ter ouvido esse comentário do seu cônjuge ao contar que seu chefe pediu para você recepcionar e cumprimentar os convidados, amanhã, naquele encontro social de sua firma. Sua personalidade simplesmente não foi talhada para isso, e você sabe disso. Você fará o que seu chefe pediu? Fará, mas só para manter o emprego. Para você, porém, é algo muito estranho. A verdade é que às vezes podemos nos comportar de uma forma que não representa propriamente a nossa personalidade; mas essa não será nossa reação natural. E será sempre algo temporário.

> Um casamento bem-sucedido requer apaixonar-se muitas vezes, sempre pela mesma pessoa.
>
> *Mignon McLaughlin*

Muitas situações exigem que nos comportemos de um modo que não é nossa maneira natural de agir; mas, assim que a necessidade acaba, voltamos a agir de acordo com o nosso verdadeiro temperamento. Isso ocorre justamente porque, como dissemos, nossa personalidade é inata, criada por Deus individualmente, para cada um de nós.

A personalidade pode ser previsível

"Sabia que você ia dizer isso." Quantas vezes você ou o seu cônjuge já proferiu essas palavras um para o outro? Se vocês forem como são a maioria dos casais, mesmo que estejam casados há pouco tempo, esperam certas reações e comportamentos por parte do seu cônjuge. Por quê? Porque a personalidade pode ser e é essencialmente previsível. Ainda bem, graças a Deus! Pode imaginar o que seria do casamento se você nunca soubesse o que esperar de seu cônjuge? Casamento nenhum poderia sobreviver se o comportamento de cada cônjuge não fosse basicamente previsível pelo outro. Imagine se o seu cônjuge fosse um dia extremamente calmo e indolente e, no dia seguinte, extremamente enérgico e controlador? Você viveria em um caos. Se cada cônjuge não fosse relativamente sempre o mesmo, todo casamento seria uma montanha-russa insuportável.

Todavia, todos nós já passamos por certos momentos no casamento em que dizemos algo do tipo: "Nunca imaginei que você ia fazer isso!". Mesmo cada personalidade possuindo um conjunto de características relativamente consistentes, ela tem possibilidade de apresentar, de vez em quando, certo imprevisto. Isso, porém, pode não ser tão ruim assim: mudar as coisas de vez em quando pode nos ajudar a nos livrarmos da rotina. Na maioria das vezes, no entanto, você pode estar certo de que a personalidade de seu cônjuge (bem como a sua) continuará permanecendo bastante previsível.

A personalidade pode ser poderosa

Você, provavelmente, já ouviu dizer que alguém possui "uma personalidade forte". Essa frase, geralmente, significa que a pessoa é carismática ou, mesmo, dominadora. Verdade seja dita, todas as personalidades são poderosas. Como assim? Nosso temperamento é uma força interna que literalmente produz desejos e impulsos. Não é exagero dizer que produz até necessidade; e assim como o apetite, a necessidade da personalidade requer ser satisfeita.

Sua personalidade conduz você. Se você, por exemplo, tende a ser ativo junto a outras pessoas, se gosta de conversar e interagir, há uma força poderosa em seu interior que encontra meios de suprir essa necessidade. Desse modo, poderá ser, por exemplo, o último a sair de uma festa. E, se alguém por acaso pedisse para explicar essa sua atitude, você diria: "Eu simplesmente gosto de estar com as pessoas, só isso". É algo tão enraizado e poderoso que você mal pensaria sobre isso.

Por outro lado, se sua natureza é retraída, se prefere não estar com muitas pessoas, você possui igualmente uma força interna que o leva a ser menos social. Irá procurar certamente oportunidades de evitar interações, chegando até a sentir necessidade, de vez em quando, de se "recuperar" de muito estímulo ou agitação social recente.

Ambas essas tendências são normais. Uma não é melhor do que a outra. Ambas, porém, são poderosas. Representam uma necessidade altamente desejável no âmago da pessoa. E, já que essa necessidade é tão profunda e está literalmente entretecida no DNA da pessoa, pode vir a gerar descontentamento ou mesmo raiva se não for devidamente suprida. Não se engane: o ímpeto que se origina da personalidade pode ser, de fato, muitíssimo poderoso.

Estaremos, no entanto, impedidos de fazer alguma coisa quanto à nossa personalidade? De modo nenhum. Mostraremos, mais adiante, como você pode subordinar o poder da personalidade — a fim de empregá-lo para promover o tipo de relacionamento que deseja.

> O alvo do casamento não é pensar igual, mas pensar juntos.
>
> *Robert C. Dodds*

A personalidade tem pontos fortes e fracos

Para estar em sua melhor condição, você precisa ter suas necessidades supridas. Por exemplo, sua personalidade pode ter necessidade de traçar planejamentos detalhados, com tempo para pensar as coisas, sem interrupção — seja relativamente a um projeto no trabalho, seja um simples passeio. Um plano traçado meticulosamente torna você uma pessoa feliz. Ou seja, esse desejo de ser cuidadoso e preparado faz um grande bem a você; inclusive, outras pessoas o elogiam por essa sua qualidade. De modo que, se algo ou alguém (mesmo seu cônjuge) o impedir de dispor do tempo necessário para fazer o planejamento detalhado de algo que você acha importante, você se sentirá, inevitavelmente, frustrado. Ficará inquieto e, à medida que sua ansiedade aumentar, irritado. Pior ainda, poderá se tornar excessivamente recessivo e ficar propositadamente calado quando pedirem uma opinião de sua parte.

Ou, talvez, sua personalidade anseie por resultados rápidos. Você é uma pessoa decidida. Em casa ou no trabalho, toma decisões rápidas e com confiança no que faz. Confia em seus instintos, tem sempre o tiro certeiro. Com certeza, não perde muito tempo com conversas que considere triviais e, no momento em que alguém comece a sufocar você com muitas perguntas, ou se alguém ou um esquema qualquer vier a impedir com muita burocracia o seu progresso, você é levado a ser mais enérgico. Pode chegar até mesmo a ser exigente e rude.

Aí está. As maiores qualidades da personalidade podem se transformar em suas maiores fraquezas. Pense no seguinte: Sua personalidade representa o que há de mais importante e altamente desejável para você — no mais profundo do seu ser. Sua personalidade está empenhada em satisfazer esses seus desejos. Você está programado, enfim, para vir a ter suas necessidades supridas. Então, quando elas não são supridas, o seu pior ângulo se manifesta.

> É fácil de compreender amor à primeira vista; agora, quando duas pessoas olham uma para a outra por uma vida inteira, aí é um milagre.
>
> *Amy Bloom*

Por isso, ouvimos casais dizerem coisas sarcásticas um para o outro do tipo: "Não acha que pode estar exagerando só um pouquinho?"; ou: "Você perdeu a cabeça?"; ou ainda: "Isso mesmo. Estoure de raiva só porque não peguei a sua roupa na lavanderia". Esses tipos de comentários mordazes são letais para o amor, o que não impede a maioria das pessoas de proferi-los. Afinal, não conseguimos entender como nosso cônjuge, geralmente tão satisfeito, poderia, de repente, perder a cabeça.

A personalidade pode ser aperfeiçoada

O filósofo francês Albert Camus disse: "Continuamos moldando nossa personalidade por toda a nossa vida". É isso realmente o que fazemos. Embora as características básicas do temperamento sejam relativamente intocáveis, podemos acentuar ou reprimir aspectos de nossa personalidade. Por exemplo, se você sabe que tem tendência a ser um tanto desinibido ou inabalável em suas opiniões, pode aprender a controlar essas tendências quando precisar. Ou, talvez, se estiver em seu DNA ser submisso ou calado e, portanto, for frequentemente repreendido por pouco ou nunca demonstrar suas emoções, você pode aprender a contrariar um pouco essa tendência quando necessário. Usando uma analogia com o computador, sua personalidade é o *hardware* (o terminal do computador), mas você determina o *software* (o programa) que faz funcionar sua personalidade.

Na verdade, todos nós podemos aprender a aprimorar nossa personalidade. Para isso, é preciso, basicamente, desenvolver nossos poderes naturais e controlar nossas naturais fraquezas. A segunda parte deste livro contém algumas recomendações específicas sobre como fazer isso de acordo com o perfil de sua personalidade. Por enquanto, queremos que saiba que culpar a personalidade por suas atitudes ou ações não é justificativa aceitável. Você pode controlar suas tendências.

> Um casamento duradouro são duas pessoas tentando cantar um dueto e dois solos ao mesmo tempo.
> *Anne Taylor Fleming*

Você e seu Estilo de Amor

Você já entendeu que o casamento é a combinação de duas personalidades singulares, fortes e concedidas por Deus. Cada personalidade contém uma combinação de poderes e fraquezas para o relacionamento. A mistura desses dois conjuntos de características e temperamentos cria um estilo de amor, distinto e exclusivo do seu casamento. Quando desvendamos o mistério de como duas personalidades combinam — como dois conjuntos de características e temperamentos se misturam —, descobrimos o nosso combinado "Estilo de Amor".

> Ao olhar para trás, percebemos que os momentos em que realmente vivemos são os momentos em que fizemos as coisas com espírito de amor.
>
> *Henry Drummond*

Amamos do modo que amamos por causa da nossa disposição genética. Mas damos e recebemos o amor que desejamos quando utilizamos nossa disposição genética para maximizar nosso Estilo de Amor. O restante deste livro se dedica a ajudar você a fazer exatamente isso.

Para refletir e discutir

1. O que você acha da ideia de que sua personalidade tem origem no seu código genético? Isso faz sentido para você? Por que "sim" ou por que "não"?
2. Descreva um momento no início de seu casamento ou mesmo no período de namoro em que começou a ver seu cônjuge sem determinada "máscara" que usava para disfarçar um traço não atraente da respectiva personalidade. Qual foi sua reação?
3. Utilizando sua personalidade como exemplo, que evidência você acha que confirma a ideia de que seu temperamento natural é forte? Que necessidade interna ou anseio seu precisam ser supridos para que você possa se sentir em sua melhor condição?

EXERCÍCIO 1

Explorando as máscaras de sua personalidade

Como mencionamos na introdução, cada capítulo deste livro indica exercícios específicos e discussões orientadas, a realizar com seu cônjuge, contidos nos livros opcionais de exercícios para o marido e para a esposa. Este primeiro exercício o encoraja a explorar seu Estilo de Amor. Ele mostra aspectos inigualáveis e especiais de seu casamento por causa da combinação das personalidades de vocês dois. Leva-o ainda a dar uma olhada nostálgica e divertida nas "máscaras" que vocês dois utilizavam nos primeiros dias de relacionamento e mostra o que você pode aprender hoje sobre si mesmo ao olhar para elas. Este exercício também prepara você para aproveitar ao máximo os "cinco domínios do casamento".

DESCOBRINDO O SEU ESTILO DE AMOR

> O amor é o único modo de capturar outro ser humano no mais profundo de sua personalidade.
>
> *Vitor Frankl*

VOCÊ PODE ACHAR difícil acreditar, mas comprei um presente de aniversário para Leslie e levei vinte anos para entregá-lo. É verdade. Comprei o presente pouco antes de nos casarmos, embrulhei-o e só entreguei a ela duas décadas depois.

Era um presentinho pequeno, o suficiente para caber na mão, embrulhado em duas folhas de um bloco de notas e preso com fita adesiva nas duas pontas. Na parte de cima, estava escrito: "Leslie, você não pode abrir este presente até que eu diga". A frase foi escrita à mão com caneta vermelha.

— O que é que tem nesta caixinha? — Leslie perguntou, da primeira vez que a viu. Estávamos desencaixotando nossas coisas em nosso primeiro apartamento. Tínhamos casado em Chicago e, naquele verão, mudamos para Los Angeles para cursar a universidade.

— É segredo — disse eu, dissimuladamente, tomando o presente das mãos dela.

— Não vai me dar uma dica? — ela perguntou, brincando.

— Você vai logo descobrir — disse, enquanto enfiava o embrulho no fundo da gaveta de uma cômoda, embaixo de alguns suéteres.

A segunda vez que a caixinha apareceu foi quando estávamos deixando Los Angeles para iniciar carreira como professores na Seattle Pacific University. O embrulhinho caiu de uma caixa no chão do nosso pequeno apartamento.

— Não é possível! — exclamou Leslie, ao ver o presente pela segunda vez. — Havia esquecido completamente disto aqui. O que tem, afinal, aqui dentro?

— Você vai descobrir — respondi, com uma risada. Verdade seja dita, eu mesmo esquecera o presente.

— Já se passaram seis anos — disse Leslie, e sacudiu a caixinha perto do ouvido, tentando conseguir alguma pista. — Não é nada pesada. Quando vou poder abri-la?

Para ser honesto, eu não tinha essa ocasião em mente. Não tinha plano nenhum. Quando comprara o pequeno presente, pensara em dá-lo em algum momento do primeiro ano do nosso casamento. Mas acabei me esquecendo dele, por estar guardado no fundo de uma gaveta e tudo o mais.

Peguei o pacotinho mais uma vez das mãos de Leslie e, dessa vez, coloquei-o no fundo de uma gaveta da escrivaninha, pensando em entregá-lo em seu aniversário, dali a alguns meses.

A caixinha ficou no fundo da gaveta da escrivaninha por mais seis anos. Só quando nos mudamos mais uma vez, para nossa primeira casa, foi que o assunto voltou à baila.

— Sem brincadeira, por quanto tempo você ainda vai guardar isso até que eu possa abrir? — Leslie suplicou. — O suspense está me matando.

Agi como se tudo fosse parte de meu plano.

— Você vai abrir quando chegar a hora certa.

— Já se passaram doze anos! O que você está esperando?

Coloquei o embrulhinho mais uma vez em um local seguro. Enfiei-o na parte de trás de uma das gavetas da cristaleira da sala de jantar — uma gaveta que raramente é aberta. Ali ele ficou, quietinho, por mais oito anos.

Acredita? Já se haviam passado praticamente vinte anos, e eu guardando esse presente, literalmente, debaixo dos panos. Jamais havia pretendido mantê-lo escondido por todo esse tempo. Na verdade, nem pretendera escondê-lo. Eu o havia comprado na mesma ocasião em que adquiri outro presentinho para Leslie, quando estávamos noivos. Depois de todo esse tempo, eu mesmo esquecera o que havia na caixinha.

Então, lembrei. A imagem daquele pequeno presente me veio à mente quando estávamos viajando. Acabávamos de cruzar em voo metade do país, de Seattle a Kansas City. Ali, alugamos um carro e viajamos por duas horas e meia para o sul, até Carthage, Missouri. Era quase meia-noite, e na manhã seguinte daríamos um curso sobre casamento em uma igreja local.

Ao chegarmos, reparei em um grande anúncio proclamando Carthage como a cidade dos bonequinhos de porcelana "*Precious Moments*".

— Ei! — disse Leslie. — Você me deu um desses bonequinhos pouco antes de nos casarmos.

Ela se referia a uma daquelas figurinhas colecionáveis muito populares na década de 1980 nos Estados Unidos.

— Isso mesmo — disse eu, um tanto devagar, à medida que algo me vinha à memória e que, de repente, ficou claro. Eu havia comprado a figura de porcelana na livraria da universidade na primavera de 1984, e a moça da caixa sugeriu que levasse também o chaveiro do mesmo modelo, que a acompanhava. A moça, que era colecionadora, me disse que algum dia aquilo poderia vir a valer alguma coisa.

Bem, acho que eu estava era querendo conferir o que ela disse, pois guardei o chaveiro na embalagem original, em estado de novo, por vinte anos!

Semanas depois de voltarmos daquela viagem a Carthage, dei a maior festa de aniversário que Leslie jamais tivera. E, por um bom motivo: ela estava completando 40 anos! Eu levara meses planejando; comprara jornais e revistas do dia 18 de fevereiro de 1964 — dia em que ela nasceu. Tinha também outros presentes comemorativos. Mas aquela feliz coincidência na viagem a Carthage servira como lembrete para, finalmente, dar a Leslie a tão esperada caixinha embrulhada em papel de bloco de notas, escondida então na sala de jantar.

Naquela noite, durante a festa, enquanto vários amigos enchiam a cozinha e a sala de estar, Leslie viu a caixinha em meio aos seus outros presentes e foi direto a ela.

— Ei, pessoal! —exclamou com entusiasmo para os convidados. — Esperei metade da minha vida, literalmente, para abrir esta caixinha.

Contou então a história das aparições ocasionais da caixinha. A expectativa na sala era palpável. Estavam todos morrendo de curiosidade para saber do que se tratava e senti-me constrangido a fazer uma retratação:

— Esperem um pouco, não é nada muito importante. Apenas...

— Sente-se e deixe que ela abra o presente — disse meu amigo Doug, para alegria geral na sala.

Então, sentei-me. Todos estavam querendo saber o que é que, afinal, estivera escondido por tanto tempo. Leslie abriu cuidadosamente uma das pontas do embrulho.

— Vou guardar este papel como testemunho de minha paciência — disse ela.

Em seguida, tirou a caixinha cuidadosamente do embrulho — revelando um chaveirinho barato, com um bonequinho "*Precious Moments*" balançando na ponta.

Leslie desatou a rir. Ria tanto que não conseguia falar enquanto erguia o presente acima da cabeça para mostrar aos convidados ansiosos. Todo mundo passou a achar engraçado, principalmente por causa da risada de Leslie. Mas, acima de tudo, estavam todos meio confusos: "Como é que é? Ele guardou esse chaveirinho bobo por vinte anos para dar a ela somente no dia que completasse quarenta anos? Que tipo de casamento maluco é esse que esse casal mantém?".

Na verdade, não importa o que os nossos amigos pensavam. Eu mesmo não pude conter a risada ao ver Leslie se divertindo tanto com o absurdo daquele momento.

— Pensei que fosse algo realmente significativo — disse ela, mesmo assim, em meio às risadas. — Como uma carta que você tivesse escrito para mim vinte anos atrás ou algo semelhante. Mas, veja só, é um chaveiro, um chaveiro "*Precious Moments*"!

— A moça da caixa me disse que poderia ter algum valor um dia — aleguei, com uma expressão séria.

Leslie caiu na risada outra vez.

— O verdadeiro presente foi, finalmente, desvendar o segredo — me confortou Leslie, depois da festa. — Vou deixá-lo na caixa, em cima da minha escrivaninha, para me lembrar dessa sensação.

Você tem de admitir que se descobrir algo que se quis saber por anos é muitíssimo satisfatório e agradável. É o que a poetisa Carol Lynn Pearson sugere de forma mais profunda, ao dizer: "Heróis empreendem jornadas, enfrentam dragões e, por fim, descobrem o tesouro de seu verdadeiro eu". É uma forma poética de dizer que a vida tem seus desafios e que, no processo de vencermos bravamente cada um deles, passamos a nos compreender um pouco mais.

> Ele gostava de observar as emoções; eram como lanternas vermelhas dependuradas na escuridão desconhecida da personalidade de outra pessoa.
>
> *Ayn Rand*

É exatamente isso que pretendemos ajudar você a fazer neste capítulo. Queremos ajudá-lo a descobrir o tesouro de seu Estilo de Amor. Esse tesouro está escondido em seu interior por anos — em segredo, certamente —, e estamos prontos a desvendá-lo.

Qual o seu Estilo?

"Estilo do vovô." É isso que meus filhos dizem quando estão tomando banho e alisam o cabelo todo para trás. Era desse jeito que meu pai, avô deles, penteava o cabelo, durante toda a vida. Penteava-o simplesmente todo para trás. Sem complicação.

Você poderá dizer também que seu Estilo de Amor é direto. Não vamos manter você em suspense, nem o conduzir por um tortuoso labirinto para chegar a tal descoberta. Você já percebeu, pela capa do livro e pelo sumário, que vamos abordar os quatro estilos principais, utilizando o acróstico A.M.O.R:

A — Arrojado: o Cônjuge Líder

M — Motivador: o Cônjuge Encorajador

O — Observador: o Cônjuge Dedicado

R — Reflexivo: o Cônjuge Cuidadoso

Como prometemos, estamos oferecendo realizar uma detalhada avaliação *on-line*, para descobrir quanto de cada uma dessas tendências parece se manifestar em sua disposição para o relacionamento conjugal. Permita-nos, então, para introduzir o conceito básico desse assunto, formular a você duas perguntas de importância vital. Se puder responder com exatidão a cada uma delas, terá uma ideia essencial do que é o seu Estilo de Amor.

Pergunta nº 1: Você é direcionado para projetos ou para pessoas?

Vivemos a mais ou menos quatro quadras da matriz e maior loja de departamentos, Nordstrom, no centro de Seattle. Já tivemos o privilégio de falar mais de uma vez a dirigentes e empregados no salão de reuniões dessa empresa. Ao passar pelos vários andares de escritórios, não pudemos deixar de notar o mesmo letreiro pendurado em diversos lugares. Diz assim: "A única diferença entre as lojas é a forma pela qual tratam seus clientes".

Quem já foi muitas vezes àquela loja sabe exatamente o que o letreiro quer dizer. A maioria das lojas faz alarde da qualidade de suas mercadorias ou da grande variedade de produtos. Não a Nordstrom. A diferença entre ela e a maioria das outras lojas é que as outras são direcionadas ao seu projeto, e a Nordstrom, às pessoas. Os empregados são treinados para responder com presteza e toda a gentileza às reclamações das pessoas. Segundo a consultora de negócios Nancy Austin, "a Nordstrom não possui consumidores, possui fãs".

Você pode estar dizendo: "Tudo isso soa muito bonito; mas deve haver alguém na empresa que se concentra mais nas questões financeiras do que nos clientes". Certo. São funcionários que não têm, praticamente, contato com os consumidores. O trabalho deles é se concentrar no estoque e na qualidade dos produtos. Supervisionam tudo, desde o modo em que as luzes incidem sobre um expositor de sapatos até o modo em que se dobram e organizam os suéteres. Estão cientes de como flui o tráfego dentro da loja e sabem quanto tempo um produto pode ficar exposto antes de entrar em liquidação. A questão é que a loja não poderia sobreviver sem ambos os grupos. Nenhuma organização eficiente pode. Precisamos dos indivíduos voltados para as pessoas e para os projetos.

Nossa pergunta é, porém, em qual dos dois casos você se enquadra. Um não é melhor do que o outro; são apenas diferentes. O mesmo princípio pode ser aplicado ao casamento. Embora não seja necessário haver os dois estilos para um casamento funcionar, ambos têm nele o seu valor.

As pesquisas revelam que todos nós nos enquadramos em alguma posição desta faixa:

Direcionado para projetos

5	4	3	2	1	0	1	2	3	4	5

Direcionado para pessoas

Se você se encaixa em uma posição ali pela altura da extremidade final esquerda da faixa, em Direcionado para Projetos, gosta mais de fazer coisas; gosta mais de ter uma tarefa. Sua vida é provavelmente orientada por uma lista de trabalhos por executar. Sente-se gratificado por suas realizações — seja por resolver um problema, mesmo de menor importância, seja por receber nova missão ou uma promoção. É centrado nas tarefas e, provavelmente, bem competitivo. Executar algo, grande ou pequeno, tem para você prioridade sobre quaisquer outras considerações (mesmo o sentimento das pessoas). Na verdade, qualquer coisa que interrompa, impeça ou atrapalhe a realização da tarefa será considerada, no mínimo, uma "distração". Você gosta mesmo é de objetivos concretos. Gosta de medir seu progresso. Falando de modo simples, adora ser produtivo.

Se você está situado, na faixa, mais próximo ao extremo de Direcionado para Pessoas, geralmente valoriza mais o bem-estar emocional dos outros do que a produtividade. Trabalha bem com outras pessoas e é amigável. No início da conversa, já "sente" como é a pessoa e parece saber exatamente o que dizer. Dificilmente é dominador ou contundente.

Pelo contrario, é flexível e adapta-se com facilidade à situação e às atitudes das pessoas. Você é diplomático; preza o consenso e a harmonia. É membro da equipe. Ninguém o descreveria como alguém "solitário". Resumindo, é uma pessoa muito comunicativa.

Caso esteja curioso, estamos em extremidades opostas nessa faixa. Les inclina-se para projetos, sempre focado em determinada tarefa e, normalmente, direto ao ponto, enquanto Leslie é centrada nas pessoas, sensível às emoções dos outros e empenhada em manter a harmonia.

Formulamos, portanto, mais uma vez a questão: você é naturalmente voltado para projetos ou para pessoas? Lembre-se de que ser um não é melhor do que ser o outro. Há qualidades nos dois extremos. É bem possível que você esteja em algum lugar do meio. Todavia, se precisasse escolher um dos lados, para qual deles acha que se inclinaria com mais frequência? Eis um quadro que ajuda a esclarecer as diferenças entre os dois lados:

Direcionado para projetos	Direcionado para pessoas
♥ Empreendedor	♥ Afetuoso
♥ Objetivos mensuráveis	♥ Amizades sinceras
♥ Faz uma lista das coisas por fazer.	♥ "Pra que lista?"
♥ Concentrado e focado no assunto	♥ Interrupções são bem-vindas.
♥ Se necessário, adia a satisfação.	♥ Se puder, adia a tarefa.
♥ Faz com que os outros se sintam tensos.	♥ Faz com que os outros se sintam à vontade.
♥ "É pegar ou largar."	♥ "O que é meu virá a mim."

Pergunta nº 2: Seu ritmo é lento ou acelerado?

Desde 1897, na terceira segunda-feira de abril, realiza-se em Boston, Massachusetts, a mais antiga maratona anual do mundo. Nesse dia, 20 mil participantes, em média, correm por 42 quilômetros pelas ruas de Boston até a Praça Copley. É ali que se encontra uma estátua de bronze representando dois animais: uma tartaruga e uma lebre.

Ela está ali, evidentemente, lembrando uma conhecida fábula de Esopo. Ao ver a tartaruga andando vagarosamente, a lebre começou a rir e caçoar dela e desafiou a tartaruga para uma corrida. A tartaruga aceitou. Decidiram o trajeto e a corrida teve início. A lebre disparou na frente e correu com muita velocidade durante algum tempo. Então, ao ver que estava bem na frente da tartaruga, achou melhor sentar um pouco debaixo de uma árvore e descansar antes de continuar a corrida. Não demorou muito, adormeceu. Quando acordou, descobriu que sua concorrente, rastejando-se lenta, mas constantemente, havia há muito passado por ela e vencido a corrida.

Qual a moral da história? Depende com quem você mais se identifica. Se for com a tartaruga, você dirá: "É... devagar se vai longe". Se for com a lebre, responderá: "Bem, bobeou, dançou".

Qual das duas se parece mais com você? A tartaruga ou a lebre? Você encara o dia como uma longa maratona, lenta, mas constante? Ou se lança na rotina do dia como se fosse uma disparada até a linha de chegada?

As pesquisas revelam que todos nós nos enquadramos em alguma posição de mais esta faixa:

Ritmo acelerado

5	4	3	2	1	0	1	2	3	4	5

Ritmo lento

Se você se considera mais próximo da extremidade referente a ritmo acelerado, provavelmente vive, continuamente, com certa urgência. Gosta de aprontar as coisas para *ontem*! Não quer perder tempo nem tem tempo a perder. Está pronto para seguir em frente. Deseja empregar seu tempo com sabedoria. Geralmente, avalia o sucesso em relação à presteza ou rapidez. Quando volta do supermercado com oito ou nove sacolas, quantas viagens você faz para tirá-las do carro e levar para a cozinha? Apenas uma, é claro. Por quê? Coloca uma sacola ou duas em cada dedo, mesmo que isso signifique algumas dores momentâneas, esforçando-se ao máximo para evitar uma segunda viagem. Como dissemos, preza a eficiência e a prontidão e pode até perder a paciência com mais facilidade do que os outros, por ter os seus dias tomados. Planeja sempre uma coisa depois da outra e frequentemente deixa os outros impressionados, querendo saber como consegue fazer tanta coisa em tão pouco tempo. É como ser abastecido com combustível de foguete. É, enfim, tipicamente uma pessoa em ritmo acelerado.

> Se você tem algo realmente de valor para dar de contribuição ao mundo, ela virá por meio da expressão de sua personalidade, essa centelha divina que o distingue e o torna diferente de todas as outras criaturas viventes.
>
> *Bruce Barton*

Se, por outro lado, você se encontra na extremidade de ritmo lento da faixa, leva sempre algum tempo fazendo as coisas. Evita sobrecarregar sua agenda. Gosta de agir sem pressa. Se não conseguir concluir alguma coisa hoje, o fará amanhã — ou, quem sabe, no dia seguinte. Para que pressa? Por que deixar o relógio controlar sua vida? Você vai com calma, devagar e sempre. Há um ditado militar norte-americano que diz: "Andar devagar é legal, pois legal é andar depressa". Significa que, enquanto agir ou se mover rápido, ou correr, pode ser temerário e, provavelmente, o levar à morte, se você se mover lenta, cuidadosa e deliberadamente estará, na verdade, movendo-se o mais rápido possível, sem aumentar o risco de cometer erros desnecessários. Se você, em geral, é lento e tranquilo, já percebeu que a aplicação do ditado vai realmente além da vida militar. Você costuma se mover mais deliberadamente. Tem tempo para pensar, refletir. É comedido, não tem pressa. Falando claramente, você tem, de fato, um ritmo lento.

Nós dois estamos também em extremos opostos nessa faixa. Leslie é mais lenta, disposta a não deixar o relógio ditar sua atividade, aplicando seu tempo com no que seja mais importante para ela no momento. Les, por outro lado, é, definitivamente, acelerado, buscando a máxima eficiência e correndo em direção aos prazos, sempre que possível à frente do cronograma.

O que você acha? Seu ritmo é naturalmente mais rápido ou mais lento? Mais uma vez, você pode estar no meio dos dois. No entanto, se precisasse escolher um dos lados, qual o descreveria melhor? O quadro abaixo ajuda a esclarecer as diferenças entre os dois.

Ritmo acelerado	Ritmo lento
♥ Dividir e conquistar	♥ Unir e condescender
♥ Impaciente	♥ Paciente
♥ Ansioso por seguir	♥ Pronto para descansar
♥ Entusiasmado e cheio de energia	♥ Sereno e constante
♥ Vai direto ao ponto.	♥ Fica rondando em torno.
♥ "Não fique sentado aí, faça alguma coisa."	♥ "Pense antes de agir."
♥ "Deus ajuda quem cedo madruga."	♥ "A árvore que cresce lentamente dá o melhor fruto."

Unindo as duas questões

Ao combinarmos as respostas para essas duas questões — considerando aquilo para o que somos direcionados (projetos ou pessoas) e o ritmo de atividade (acelerado ou lento) —, constataremos que podemos nos encaixar em uma das seguintes divisões:

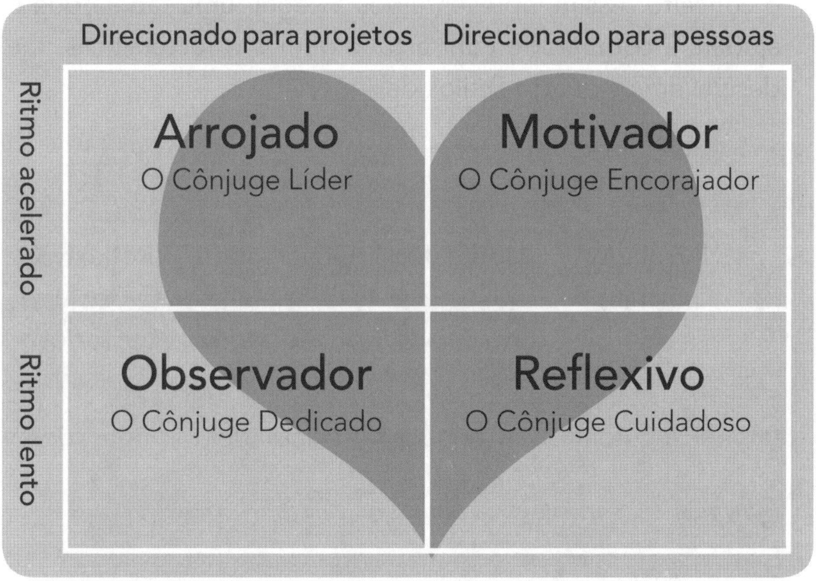

Essas quatro divisões nos ajudam a entender nosso Estilo de Amor. Como pode ver, se você tem um ritmo de vida acelerado e é voltado para projetos, deverá encaixar-se no quadro Arrojado, ou seja, como cônjuge que gosta de liderar. Se tem ritmo acelerado, mas é direcionado para pessoas, deve enquadrar-se mais no feitio Motivador, o cônjuge que gosta de encorajar. E assim por diante.

Todavia, as duas questões formuladas neste capítulo não são ainda o suficiente para descobrirmos exatamente onde nos encaixamos nesses quatro Estilos de Amor. E, verdade seja dita, você poderá provavelmente se sentir à vontade em mais de um deles — como veremos logo adiante. Levantamos essas duas questões mais com a finalidade de ajudar você a ter uma visão geral de como se originam os quatro Estilos de Amor. Sua avaliação *on-line* é que poderá ajudar a identificar com mais precisão o seu estilo pessoal e próprio, bem como o estilo de seu cônjuge, de amar.

Mais à frente, analisaremos a natureza pessoal desses estilos. Por enquanto, estamos simplesmente apresentando o conceito. Assim, apresentamos a seguir uma tabela que o ajudará a comparar e contrastar algumas características que descrevem os quatro Estilos de Amor:

	A	M	O	R
Título	**Arrojado:** O Cônjuge Líder	**Motivador:** O Cônjuge Encorajador	**Observador:** O Cônjuge Dedicado	**Reflexivo:** O Cônjuge Cuidadoso
Descrição	Executor	Conversador	Analisador	Pensador
Motivação	Poder	Popularidade	Paz	Perfeição
Necessidade	Controle	Prazer	Harmonia	Excelência
Medo	Fracasso	Rejeição	Conflito	Mediocridade
Satisfação	Ganhar tempo	Receber aprovação	Obter lealdade	Alcançar qualidade

Essa tabela dá uma visão geral dos quatro Estilos de Amor. Claro que temos muito mais a dizer ainda sobre cada um deles. Na verdade, na Segunda Parte deste livro, dedicamos um capítulo inteiro a cada Estilo de Amor. Veremos como as pessoas com cada Estilo de Amor encaram o casamento — como são naturalmente configuradas para amar. Mostraremos o modo pessoal e próprio de cada uma delas encarar as comunicações e os conflitos. Examinaremos como as pessoas, com cada estilo, veem a intimidade e o sexo. Falaremos também sobre a reação diferenciada de cada uma delas quanto ao tempo de lazer (motivo de contendas muito comum no casamento). Acima de tudo, focalizaremos o que as pessoas com cada estilo mais necessitam de seus cônjuges — e como, muitas vezes, sabotam exatamente aquilo pelo que tanto anseiam. Resumindo, mostraremos como receber o tipo de amor de que você necessita e como dar o tipo de amor de que necessita o seu cônjuge. Revelaremos como desfrutar o amor para o qual você foi programado.

> Somente quem respeita a personalidade alheia pode ser realmente útil para os outros.
>
> *Albert Schweitzer*

Não pense como se estivesse em uma embalagem

Antes de terminar este capítulo, precisamos deixar algo claro: o objetivo deste livro não é colocar cada um em uma embalagem. Não temos intenção nenhuma de "rotular" você. Nem você nem seu cônjuge deverão se enquadrar total e completamente em determinado padrão o tempo todo. As pessoas, evidentemente, são muito mais complexas. Nem todos os indivíduos podem ser caracterizados por determinados estilos. Muitas pessoas possuem uma combinação ampla deles.

Mais uma coisa: Não tire muitas conclusões desses rápidos traçados dos quatro estilos, neste ponto. Você pode até

> O verdadeiro amor é aquele que enobrece a personalidade.
> *Henri Frederic Amiel*

estar pensando, diante dessas breves descrições, que um estilo é "melhor" do que o outro. Nada disso. Cada um deles é de valor significativo para o casamento. Cada um deles tem qualidades e fraquezas. Afinal, somos todos humanos. Não pense, nem por um minuto sequer, que é mais fácil necessariamente viver com um deles do que com outro. Todos nós temos contribuições a oferecer e apresentamos desafios a enfrentar. Mas, como logo veremos, uma vez que passamos a compreender nosso estilo pessoal de amor e aprendemos os segredos para aprimorá-lo, nossos desafios diminuem. Nossa capacidade de amar é, na verdade, intensificada.

Usando a avaliação *on-line* de seu Estilo de A.M.O.R.

Antes de seguirmos para a próxima seção deste livro, nós o convidamos a acessar nossa página <www.RealRelationships.com> e clicar no *link* que o poderá levar a realizar sua avaliação *on-line* (L.O.V.E. Style Assessment). Essa avaliação, que leva apenas dez minutos, irá proporcionar aproximadamente 15 páginas de valiosas informações específicas sobre o seu Estilo de A.M.O.R. O ideal seria que você e seu cônjuge fizessem, cada qual, sua avaliação individual e, então, tivessem seu respectivo perfil em mãos para ler o restante deste livro.

> A personalidade tem o poder de enaltecer, deprimir, amaldiçoar e abençoar.
> *Paul Harris*

Como já dissemos, se não o desejar, não será preciso realizar a avaliação *on-line* para poder se beneficiar deste livro; mas acreditamos que obterá a compreensão máxima da mensagem personalizada se o fizer. Você é quem decide.

Entramos em acordo com nosso editor para manter o custo deste livro acessível, assim como tornamos a avaliação *on-line* acessível a uma taxa de custo bem baixo. Além disso, como leitores deste livro, você e seu cônjuge têm direito a um desconto especial na avaliação. Ao acessar o *site*, clique no *link* da avaliação, digite a palavra "LOVE" onde é solicitado e receberá o preço com desconto.

Se fizer a avaliação *on-line*, você poderá, ainda, beneficiar-se dos exercícios que a acompanham. Esses exercícios são inteiramente gratuitos. Você os receberá como arquivo PDF anexo ao relatório personalizado. Eles também constam dos livros de exercícios opcionais que acompanham este livro. Têm como titulo "Compreendendo seu Estilo de A.M.O.R como casal".

Para reflexão e discussão

1. O que você acha da ideia de ter um Estilo de Amor pessoal? Faz sentido para você? Por quê?
2. Se alguém observasse você durante os últimos sete dias, que evidências poderia ter para concluir que é direcionado para projetos ou para pessoas? Como você se sente ao ser enquadrado em uma dessas duas classificações? Considera uma delas melhor que a outra? Por quê?
3. Seu ritmo de vida é mais para acelerado ou lento? Seu cônjuge concordaria com sua conclusão? Por quê? Seja específico.
4. Se ainda não realizou a avaliação *on-line*, com qual dos quatro Estilos de Amor você acha que mais se assemelha? Por quê? Com qual deles você pensa que seu cônjuge mais se identifica? Por quê?

EXERCÍCIO 2

Examinando mais profundamente as duas questões

Este exercício, do livro de exercícios opcional, fará com que possa redefinir suas respostas às duas grandes questões deste capítulo, discutindo os vários aspectos delas com seu cônjuge. Deverá também proporcionar uma visão mais vívida de seu Estilo de Amor pessoal, conduzindo você por uma série de miniexplorações de sua personalidade e da maneira pela qual mais aprecia dar e receber amor.

SEGUNDA PARTE

OS QUATRO ESTILOS DE AMOR

DAQUI POR DIANTE, presumiremos que você haja realizado a avaliação *on-line* de seu Estilo de A.M.O.R. Sabe, agora, qual dos quatro estilos melhor o descreve. Também esperamos que seu cônjuge tenha feito a avaliação. Contudo, não é essencial para seu progresso que ele ou ela o tenha realizado. Pode seguir em frente que, mais tarde, seu cônjuge alcançará você.

Esta seção visa a lançar um olhar mais aprofundado sobre cada um dos quatro específicos Estilos de Amor: Arrojado, Motivador, Observador e Reflexivo. Se quiser seguir direto para o capítulo que melhor descreve você, não há problema nenhum. Cada um dos capítulos é independente. Sinta-se então à vontade para fazer isso. Recomendamos, no entanto, ler também o capítulo que focaliza o Estilo de Amor de seu cônjuge. É leitura imprescindível para aproveitar ao máximo essa experiência.

ARROJADO: O CÔNJUGE LÍDER

É melhor ter uma pessoa trabalhando com você
do que ter três pessoas trabalhando para você.
Presidente Dwight D. Eisenhower

Se seu Estilo de Amor é Arrojado, você é Direcionado para Projetos e tem Ritmo Acelerado. A combinação dessas duas disposições faz de você um cônjuge que gosta de assumir sempre o controle. Observe onde você está enquadrado, nos Estilos de Amor:

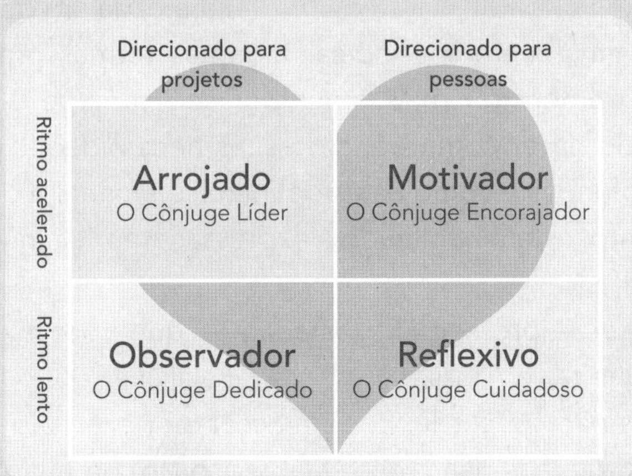

Iniciaremos este capítulo abordando suas maiores necessidades. Você precisa ter essas necessidades supridas para que funcione em sua melhor condição — principalmente no casamento. Para falarmos sobre sua melhor condição, iremos para "Você em sua melhor forma", apresentando as cinco principais características que emergem do seu interior quando tudo vai bem e funciona nos devidos lugares. Claro que não poderíamos deixar de dar uma olhada também em "Você em sua pior forma". Destacaremos aí as cinco características que mais se tornam visíveis quando suas necessidades mais profundas não estão sendo supridas.

Em seguida, iremos para "Sua disposição natural para o amor". Abordaremos como se dá a combinação ímpar dos traços de sua personalidade para criar quem você é no casamento e o que busca em seu relacionamento amoroso.

Isso nos leva a ver como você age dentro dos "Cinco domínios do casamento na vida real". Esses domínios são: comunicação, conflito, sexo, finanças e tempo de folga. Veremos de perto como você encara cada um deles.

> É quase impossível em nossa época pensar a respeito de amor, sexo, intimidade ou casamento sem pensar a respeito de poder.
> *Michael Vincent Miller*

Por fim, queremos indicar algumas formas práticas de "Como demonstrar mais amor por seu cônjuge". De fato, depois de haver compreendido suas necessidades pessoais mais profundas e como estas definem sua maneira de viver o casamento, estará habilitado a expressar amor em nível muito mais profundo.

Antes de prosseguir, gostaríamos que você tivesse em mente que talvez possa vir a ler, aqui e ali, vez por outra, algo com que não concorde. Poderá achar, por exemplo, que determinada característica não está de acordo com sua descrição de forma completa. Tudo bem. Não permita que isso interfira no conteúdo do que considera útil. Presumindo que haja realizado sua avaliação *on-line*, já sabe que a personalidade é muito complexa para se enquadrar inteiramente sob determinado rótulo. Muito provavelmente, você é uma combinação de Estilos de Amor em que um predomina sobre os demais. Assim, não espere que toda descrição feita neste capítulo venha a se encaixar perfeitamente em você.

Agora, respire fundo. Mantenha a mente aberta. Não tenha pressa. Descubra seu Estilo de Amor.

Suas necessidades mais profundas

Como Cônjuge Líder, você anseia por estar no controle. É uma de suas necessidades mais profundas e mais fortes. Quer tenha consciência disso quer não, você certamente adotou como seu hino pessoal a canção, que Frank Sinatra tornou famosa, *My Way* [Do meu jeito]. Só adaptou a letra um pouquinho, para o seu relacionamento conjugal. Não está apenas cantando como diz no verso: "Fiz do meu jeito", mas acrescentou, para seu cônjuge: "[...] e você também deve fazer do meu jeito".

Sua predisposição natural não apenas leva você a fazer as coisas a seu jeito, como o faz também viver em uma "via expressa". Vive a vida com urgência. Pensa rápido. Move-se rápido. Toma decisões rapidamente. É por isso que, às vezes, quando não consegue acompanhar você, seu cônjuge certamente se sente como se estivesse sendo atropelado.

A necessidade de controle e de rapidez leva a uma terceira necessidade: da conformidade alheia. Você precisa e quer que seu cônjuge se alinhe com o seu modo de pensar e de forma nenhuma trave você. De certo modo, espera que o cônjuge aumente sua produtividade ou pelo menos não atrapalhe. Não faria mal, você pensa consigo mesmo,

> O que amo em minha esposa é que ela é uma mulher realmente resoluta, teimosa, impetuosa. Acho isso mais sensual que tudo.
>
> *Christian Bale*

se seu cônjuge reconhecesse o tremendo esforço que você faz para ser tão produtivo.

Aí está: compulsão por controle, necessidade de rapidez e vindicação por conformidade — se estas três necessidades forem supridas, você terá a maior satisfação.

O lema do Cônjuge Líder é:
Se vale a pena fazer, faça-o agora.

Você em sua melhor forma

O filósofo grego Platão disse: "As boas ações nos fortalecem e inspiram boas ações aos outros". Ele poderia ter dito isso ao observar você, que é uma pessoa de ação. Você personifica e inspira as seguintes qualidades:

> Bons líderes empresariais criam uma visão, a articulam, a defendem apaixonadamente e buscam incansavelmente realizá-la.
>
> *Jack Welch*

Direcionado para objetivos

As atividades para você quase sempre têm um propósito, pois é uma pessoa, por natureza, voltada para resultados. Gosta de fechar o círculo, riscar um item da lista, fazer o que precisa ser feito. Por isso, é trabalhador e disciplinado. O especialista em motivação Jim Rohn afirma que "a disciplina é a ponte entre o objetivo e a realização". Você entende exatamente o que ele quer dizer.

> A diferença entre uma pessoa bem-sucedida e as outras não é a falta de força nem a falta de conhecimento, mas a falta de determinação.
>
> *Vince Lombardi*

Essa qualidade admirável é benéfica para você e seu casamento. Você não espera que algo aconteça em seu relacionamento conjugal; faz acontecer, toma a iniciativa, busca soluções e alcança resultados.

Concentrado

Há quem não consiga ir em frente em meio à bagunça. Você consegue. Coloca os olhos em algo e segue naquela direção, sem se importar com distrações. Sua concentração, em comparação à dos outros, é algo admirável. As pessoas ficam surpresas com sua produtividade por causa de sua capacidade de se concentrar no que tem em mente. Esse tipo de concentração é fora do comum. Então, quando decide se concentrar no seu casamento, atenção: nada o pode distrair; será capaz de saltar obstáculos e abrir caminho por meio das dificuldades. Aquilo que puser em mente, você o conseguirá.

Autoconfiante

Walt Disney declarou uma vez que não podia imaginar uma montanha que não viesse a ser escalada por quem conhecesse o segredo de tornar os sonhos realidade. Disse, ainda, que esse segredo estaria em "quatro C": curiosidade, confiança, coragem e constância. Disney afirmou que o maior desses quatro fatores é a confiança. Em sua melhor forma, sua autoconfiança inspira e encoraja os outros, incluindo seu cônjuge.

Visionário

Você tem uma imagem do futuro; você o pode ver. Enquanto outros se esforçam por saber em que direção estão indo, você já os ultrapassou pela direita. O escritor Jonathan Swift disse: "Visão é a arte de ver o que é invisível para os outros". É exatamente isso: você vê o futuro, mesmo que seu cônjuge não o consiga. A propósito, você não apenas sonha com o futuro, mas está construindo a base dele com trabalho duro, determinação e dedicação. Em outras palavras, você não está procurando encontrar seu futuro; você o está criando.

Esforçado

O conhecido consultor de *marketing* Peter Drucker afirma: "Planos são apenas boas intenções, a menos que, imediatamente, degenerem em dar duro". Você entendeu muito bem essa frase. Está sempre pronto para arregaçar as mangas e trabalhar — não apenas física, mas também mentalmente. Seu local de trabalho está sempre em atividade: seu cérebro está sempre funcionando. Mesmo se não estiver trabalhando em um projeto, estará trabalhando em um projeto. Pode até parecer, de vez em quando, que deixou determinado projeto de lado, mas ele permanece com você. No caldeirão mental do seu cérebro, há sempre pelo menos alguns neurônios trabalhando, dando duro. Essa sua ética de diligente no trabalho aplica-se também, em geral, ao seu casamento. Você trabalha intensamente, busca e alcança resultados.

Você em sua pior forma

É bem verdade que nossos pontos fortes podem ter um lado negro. Vamos, portanto, dar uma olhada nos seus. Quando você está em sua pior forma — quando suas necessidades básicas não estão sendo supridas —, tende a ser:

Teimoso

Em todo o casamento, é preciso fazer algumas concessões. Infelizmente, para você, nem sempre é fácil. Você tem uma vontade firme e tende a se tornar obstinado. Prefere, por vezes, fincar pé e manter sua posição a qualquer custo.

> A diferença entre perseverança e obstinação é que, geralmente, uma vem de uma vontade forte, e a outra, de forte recusa.
>
> *Henry Ward Beecher*

Essa atitude dá pouco espaço para negociação, e você acaba ignorando seu cônjuge. Essa situação, na verdade, não acontece com muita frequência; mas acontece mais com você do que com pessoas de outros estilos.

Insensível

Pode parecer rude dizer isso, mas você tem inclinação para desmerecer qualquer pessoa que não seja suficientemente veloz ou que não pense exatamente como você. Tanto pode ser o motorista que dirige à sua frente na estrada quanto, é claro, seu cônjuge. Se apontar as falhas alheias não funcionar, você poderá recorrer a comentários depreciativos ou até insultos diretos. O fato é que você não se identifica facilmente com os sentimentos dos outros e demora a demonstrar compaixão. Em sua pior condição, falta a você tato e tende a ser grosseiro e insensível. E aí? Ainda está sentado, agarrando-se à cadeira, para não explodir?

Facilmente irritável

Já percebeu como algumas pessoas têm pavio curto para se aborrecer? Qualquer coisinha, parece, as tira do sério. Pode ser a roupa que não foi passada direito, a caneta que alguém tirou da escrivaninha e não conseguem mais encontrar, o lixinho que alguém deixou dentro do carro. O que para os outros quase não teve importância, elas guardam consigo no coração. Bem, esse é você. Você é facilmente irritável. É uma fraqueza alimentada pela impaciência. É ela que com frequência o leva ao auge e o deixa irritado. E seu cônjuge? Bem, isso faz que se sinta totalmente inadequado.

Temperamental

Um dos lados mais assustadores de sua personalidade se revela quando a irritação se transforma em explosão de raiva. Seja honesto: não têm sido raros os momentos em que sua raiva tem ido quase a ponto, se não a ponto, de explodir. Por isso, você tem de cuidar da ameaça de fúria em seu casamento. Só a mera possibilidade de desencadear sua raiva é suficiente para que seu cônjuge recue nos momentos em que ela começa a ameaçar. Infelizmente, você pode virarum instrumento da própria raiva.

Dominador

Alguém disse que o amor não domina, cultiva — significando que ter uma perspectiva amorosa é criar um ambiente em que outras pessoas possam ser elas mesmas e florescer. Você pode concordar com esse sentimento, mas tem dificuldade para vivê-lo na prática.

> Não posso ser uma esposa. Não sou esse tipo de pessoa. Esposas estão sujeitas a se comprometer o tempo todo.
>
> *Sarah Brightman*

Quantas vezes você já tentou encontrar uma solução antes de realmente compreender o problema? Por ser um Cônjuge Líder, está propenso a agir antes de conhecer ou estudar bem os fatos. Como é rápido em tomar decisões por si mesmo, tende a ser rápido também em tomá-las por seu cônjuge. Nos momentos ruins, isso pode tornar você autoritário, rigoroso e mandão.

Sua disposição natural para o amor

No que diz respeito ao casamento, você tende a tratá-lo como qualquer outro projeto. Tem alvos definidos que quer atingir. Possui padrões que deseja manter. Tem um plano tático pronto a executar. E espera resultados positivos. Em outras palavras, tem um casamento com uma missão.

Para manter o casamento "produtivo", avalia o que é necessário fazer e dá a isso a atenção que requer — principalmente se acontece de acender uma luz qualquer de emergência. Uma vez, porém, que o casamento esteja bem, saudável, em bom funcionamento, sente-se liberado para dar prosseguimento a outro projeto.

Quando Thomas, um marido Controlador, percebeu que a esposa estava se sentindo esgotada e negligenciada, diminuiu a pressão no botão Projetos Urgentes e sintonizou o módulo Romance, com um plano de ação: "Querida, precisamos de mais tempo só para nós dois. Isso já foi longe demais. Vou contratar uma babá temporária para as crianças neste fim de semana e vamos sair para nos divertir — só eu e você". Uau! Isso funcionou. A esposa ficou feliz e emocionada. Resolvido esse problema, Thomas engrenou de novo a máquina e voltou novamente sua atenção para um projeto urgente no trabalho.

Aqui vai uma dica para você, que vive em ritmo acelerado: para poder se concentrar, você precisa, com frequência, lembrar-se do seu casamento. Pode parecer um tanto tolo, mas, como você funciona à base de uma lista de coisas por fazer, acabará negligenciando seu relacionamento conjugal se alguma coisa não o levar a concentrar-se, eventualmente, também nele. Provavelmente não é preciso dizer que o "lembrete" será, muitas vezes, seu cônjuge (servindo de "gancho"). Mas pode ser praticamente qualquer outra coisa: a notícia de que o casamento de um amigo não vai bem; um filme que o afete pessoalmente; um sermão que o desperte etc. Você mesmo pode dizer o que mais.

O fato é que algo precisa chamar sua atenção para que se concentre mais no seu casamento. O bom nisso é que uma vez que você veja o sinal de aviso, levará o assunto a sério rapidamente. Partirá para a ação. E há de conseguir resultados positivos.

Você gosta, na verdade, de enfrentar os conflitos de imediato e com decisão. Nem sempre percebe, porém, que seu cônjuge, por ser dotado de outro estilo, precisa de mais tempo para processar o conflito e pode não querer "entrar no ringue" para resolvê-lo.

> Visão sem ação é sonho. Ação sem visão é simplesmente passatempo. Ação com visão é saber fazer positivamente a diferença.
>
> *Joel Baker*

Você tem consigo também, instintivamente, que seu casamento tem uma missão a cumprir. Sendo um cônjuge guiado por propósitos, sua capacidade visionária o faz manter sempre o futuro em mente. Assim, procura realizar experiências que criem memória. Não espera que algo interessante ou divertido aconteça casualmente a você e ao seu casamento, mas, sim, corre atrás, planejando viagens, programando aventuras. Seu cônjuge jamais poderia dizer que é uma pessoa passiva, sem iniciativa nem imaginação. Está sempre tendo ideias e sonhos que dão energia ao seu relacionamento.

Valéria recebeu um olhar inquisidor do marido quando propôs que pusessem no papel, por escrito, sua missão matrimonial. Sendo uma esposa Controladora, para ela a ideia era perfeitamente cabível. A empresa onde trabalhava tinha um projeto, uma missão. Por que não ter uma missão a cumprir no casamento? O marido concordou com a ideia, e ambos passaram a aquilatar a missão que deveriam compartilhar como casal.

Sendo um Cônjuge Líder, você expressa amor ao ajudar o casamento a alcançar objetivos. Sonha com o futuro, criando uma visão para levar seu casamento ao lugar onde deseja que possa estar. Pode ser, por exemplo, uma visão financeira, buscando alcançar um objetivo para o qual é preciso economizar.

> Tenhamos uma visão nítida, para sabermos em que e para o que nos mantemos de pé — pois, a menos que nos mantenhamos de pé por alguma coisa, cairemos por causa de uma coisa qualquer.
>
> *Peter Marshall*

Pode ser uma visão mais imediata, do que irão fazer nas próximas férias. Você pode ter a visão de criar a família unida. A visão poderá levar, ainda, a determinados planos específicos, embora não necessariamente. Você poderá ater-se até a uma visão sem compreender bem os detalhes de como haverá de realizá-la; simplesmente confia em que os detalhes surgirão a tempo (consequentemente, não vê problemas em mudar de direção durante a jornada).

Aliás, você se sente mais amado se seu cônjuge não estiver à frente do plano, mas ajudar a executá-lo. Sente-se amado se seu cônjuge faz qualquer coisa que poupe seu tempo e torne você mais produtivo.

O ponto principal em sua disposição inata para o amor é *fazer algo* que expresse amor, exercendo influência positiva no relacionamento por meio de ação. Tendo o casamento obtido sua devida atenção, você avaliará rapidamente o que é necessário fazer e formulará um plano para tornar seu casamento o melhor possível, no menor tempo possível.

Como o Cônjuge Líder define o amor:
Amar é... comprometer-se e agir na construção de um futuro juntos.

Você e os cinco domínios do casamento na vida real

Todo casamento, não importa em que fase esteja, possui domínios específicos que podem se tornar pontos de discórdia, atrito e disputa entre marido e mulher. Essa situação se verifica, principalmente, entre os casais que não sabem como seu estilo pessoal de amor influencia e molda cada um desses domínios. Tais domínios são: comunicação, conflito, sexo, finanças e tempo de folga

Vejamos, agora, como você encara cada um deles.

Sua perspectiva de comunicação

Clara e direta. Essas palavras resumem muito bem sua perspectiva de comunicação, não é mesmo? Você não é do tipo que fica dando voltas e mais voltas para chegar ao que se propõe. Sua constituição não é assim, e você não quer de modo nenhum que isso faça parte do seu casamento, a menos que haja, propositadamente, preparado a mente e separado um tempo para isso.

> Controle é uma palavra dura, que não tem — ou, pelo menos, não parece ter — poesia nenhuma em si.
>
> *Judith Viorst*

Não; seu objetivo em uma conversa conjugal, por exemplo, é reunir as informações essenciais de que precisa e transmitir as informações que acha que seu cônjuge precisa saber. Só isso. E já disse o suficiente.

Direto demais? Bem, deve ser assim que seu cônjuge sente, por vezes. A comunicação pode se tornar um pouco brusca, quer você tenha essa intenção quer não. Você pode ser também um ouvinte impaciente; querer adivinhar o que seu cônjuge está tentando dizer muito antes de terminar e estar pronto a manter firme essa sua percepção, tão logo possa.

Sua perspectiva de conflito

Quando seu cônjuge discorda de você, apenas fortalece sua determinação de vencer. Um marido recém-casado nos disse: "Minha esposa toma determinada posição e a defende

> Temos de encontrar um caminho, ou traçar um.
>
> *Aníbal, general cartaginês*

a todo custo. Fica tão convencida de que está certa que não gasta tempo nem energia nenhuma tentando entender minha opinião. A impressão que eu tenho é que me casei com o advogado da parte contrária". Assim costuma ser a vida com um Cônjuge Líder. Não que você não queira encontrar uma solução; apenas quer — de preferência — que seu cônjuge reconheça primeiro que você está correto; então, estará pronto a encontrar uma rápida solução.

Na verdade, você não quer deixar que o conflito se prolongue. Quer pôr tudo às claras e encontrar uma solução. É claro que isso nem sempre é fácil em um casamento, que sempre requer concessões. Por ser uma pessoa que não tem problemas de autoconfiança, ter humildade é uma de suas maiores dificuldades. Acrescente a isso sua predisposição para a ira, e será difícil evitar conflitos matrimoniais intensos.

Sua perspectiva de intimidade e sexo

Por ser uma pessoa prática, que não perde tempo com coisas irrelevantes, você provavelmente é direto em relação a suas necessidades sexuais no casamento. Ou seja, muito provavelmente toma a iniciativa sempre que deseja. Também não costuma prolongar o ato sexual por muito tempo. A proverbial "rapidez" no ato deve ter sido criada tendo você em mente (principalmente se você for o marido). Claro, aprecia encontros românticos com seu cônjuge quando o tempo não tem importância e você não tem nada em vista. Além disso, muito provavelmente já está claro para seu cônjuge exatamente o que satisfaz você ou não.

Entre todos os Estilos de Amor, o seu é o que tem mais probabilidade de usar o sexo para aliviar a tensão. Por vezes, você vê o sexo como algo que precisa ser feito para que a vida volte ao equilíbrio (a fim de continuar sendo produtivo). Nessas ocasiões, os "momentos de intimidade" em seu casamento estão mais relacionados a aliviar o estresse do que a manter suas ligações amorosas.

Sua perspectiva de finanças

Você gosta de um desafio — principalmente de um desafio financeiro. É claro que isso o pode deixar ansioso, mas esse domínio do casamento é tangível e mensurável. Sendo uma pessoa que ama estar no controle, esse é o seu ponto forte. Pode então traçar um objetivo, formular um plano e executá-lo, sem dar maiores satisfações a ninguém. Isso significa que, provavelmente, tem um planejamento para suas economias, um planejamento para despesas — e um planejamento para seu cônjuge. É assim que as coisas são. Você tende a se ver como tesoureiro do relacionamento conjugal, determinando quanto você e seu cônjuge devem gastar.

Isso não significa que é você necessariamente quem faz o balanço e paga as contas. Você pode ficar até satisfeito em delegar tais tarefas a seu cônjuge, mas certifica-se de monitorar atentamente o processo. E se os gastos do cônjuge ultrapassarem o limite, não se incomoda de mostrar isso a ele. Afinal, há que se alcançar um objetivo e se manter um planejamento.

Sua perspectiva de tempo de folga

Esse assunto é difícil para você. Por quê? Porque você nunca tem tempo "de folga". Não tem um minuto a perder. Sua agenda está cheia, superlotada. Está tão ocupado sendo produtivo que acha extremamente difícil não fazer nada. Então, cai em um de dois padrões, ambos desconcertantes para a maioria dos cônjuges:

Primeiro, você tenta planejar cada minuto do seu tempo livre. Mesmo o que pode parecer um "divertimento" para você provavelmente há de servir a algum objetivo produtivo. Uma festa é uma oportunidade de estabelecer uma rede de contatos, por exemplo. Ou, enquanto está sentado à beira da piscina com seu cônjuge, passa o tempo todo trabalhando, falando no celular, usando a internet — contaminando completamente a oportunidade de simplesmente se relacionar mais e melhor com seu cônjuge. Provavelmente, no entanto, gosta de esportes competitivos, passatempos altamente interativos e tirar cochilos em concertos. Consegue visitar um museu ou uma exposição de arte em tempo recorde — e depois, todavia, ainda falar sobre o que é bom e o que não é, daquilo que viu, como se fosse um especialista no assunto!

> É como lutar com um gorila. Você não para quando está cansado. Para só quando cansado está o gorila.
>
> *Robert Strauss*

Segundo, você tende a desabar em vez de descansar. Pessoas que vivem em alta velocidade precisam, em algum momento, de um tempo para se recuperar. Assim, do mesmo modo que você vive ao extremo, "descansa" também ao extremo, como que se retirando para a caverna como um urso mal-humorado, que não quer ser perturbado.

Como demonstrar mais amor por seu cônjuge

Sendo uma pessoa que gosta de estar no controle — centrada em produtividade e rapidez —, há várias ações específicas que pode adotar que, com certeza, beneficiarão seu casamento. Dedicamos a última seção deste capítulo para ressaltar essas ações e expressar nosso desejo de que se torne um esposo ou uma esposa melhor.

Crie lembretes matrimoniais

Sempre que uma empresa deseja que você renove um contrato ou pague uma conta, é costume mandar uma correspondência como lembrete. É como que uma "cutucadinha" gentil para que você faça o que precisa ser feito. Bem, por você estar constantemente ocupado, é exatamente disso que precisa também no seu casamento. Precisa criar algo que o lembre de que é casado. Sendo uma pessoa que se orienta por tarefas, fica por vezes tão concentrado em um projeto profissional que não tem olhos para o seu projeto pessoal, seu casamento.

Eu (Les) sou o primeiro a confessar que sou um Esposo Líder. Anos atrás, achei que me poderia livrar de uma penca de "atitudes amorosas" necessárias para com a Leslie, da minha lista de coisas a fazer, usando um recurso interessante da secretária eletrônica. Chama-se "entrega futura". O sistema permite que se grave uma mensagem agora e se determine o dia em que se quer que ela seja transmitida. Decidi gravar uma dezena de mensagens românticas para Leslie, programando para que fossem transmitidas no decorrer do mês seguinte. Pronto! Já podia riscar aquele item da minha lista por algum tempo.

No início, Leslie ficou feliz ao receber as mensagens. Dizia: "Obrigada, por aquela mensagem legal hoje". Aí, eu perguntava: "Que mensagem?", antes que me lembrasse do que fizera um mês atrás. Depois de algumas mensagens, Leslie percebeu o que eu fizera. De repente, também, as mensagens já não eram tão significativas. Verdade seja dita, não tinham vindo do coração. Havia tentado pegar um atalho, e isso nos deixou ambos descontentes.

Na verdade, assim como você, o que eu apenas precisava era de alguns lembretes para concentrar mais minha atenção em minha esposa. Precisava de lembretes para ter a certeza de que estava ainda sintonizado, e com sinceridade, no casamento — em vez de estar sendo consumido pela data-limite da editora para um livro que estava sendo elaborado, ou por um projeto da universidade ou uma palestra já agendada. Comecei então a mandar para mim mesmo alguns lembretes de "entrega futura", dessa vez por meio de meu próprio calendário eletrônico. Coloco lembretes diversos, em determinados dias, para coisas que quero compartilhar com ela ou que devemos fazer juntos. Podem ser lembretes para lhe perguntar o que posso fazer por ela esta semana, se lavar e abastecer o carro, levá-la para jantar, sair com as crianças para que possa passar uma noite tranquila em casa etc. Você já percebeu a ideia: coloco simplesmente lembretes no calendário que aumentem minha probabilidade de investir mais no meu casamento.

Cultive a paciência

Todos os casais precisam buscar ter paciência, mas essa qualidade parece ser especialmente desafiadora para o Cônjuge Líder. Em relação aos outros três Estilos de Amor, você tem baixo índice de tolerância para com a frustração. A paciência é, em essência, a resposta amorosa à frustração. Pense um pouco a respeito disso. Já assistiu a uma criança pequena tentando colocar uma linha em uma agulha? Se você ficar vendo a criança tentar, uma vez após outra, passar a linha, já esfiapada e torta, pelo buraco da agulha, trêmula, vai esperar duas, quatro ou seis tentativas antes de pegar a linha das mãos da criança e a colocar, você mesmo, na agulha?

Como você vive a vida com urgência, seu limiar de tolerância de frustração só pode ser mesmo excessivamente baixo. No entanto, ninguém pode ser um cônjuge verdadeiramente amoroso sem uma boa dose de paciência. No famoso poema sobre o amor do apóstolo Paulo, em 1Coríntios 13, ele inicia a descrição das qualidades do amor exatamente com a paciência: "O amor é paciente [...]" (v. 4). A paciência é medida pela nossa capacidade de suportar algo que preferiríamos não ter de suportar. Para você, em especial, o amor deve ser paciente. Será assim sempre que você resistir à compulsão de querer estar no controle. Será paciente em sua vida se você renunciar ao desejo de arrancar as rédeas das mãos de seu cônjuge. O amor será paciente em você sempre que suportar calmamente uma dificuldade ou inconveniência no casamento sem reclamar. Será paciente em sua vida sempre que morder a língua e refrear um comentário mordaz.

Tudo bem. Sabemos que esse negócio de paciência pode ser bem difícil para você. Mas se buscar aperfeiçoar essa qualidade, se trabalhar nela, ela o recompensará de incontáveis maneiras no casamento. Como disse Edmund Burke: "Nossa paciência consegue mais que a nossa força".

Diminua o ritmo

Faz parte de seu DNA mover-se mais rápido do que a maioria. Você faz tudo com propriedade e eficiência. O único momento em que diminui o ritmo é quando decide realmente diminuir. Aqui, queremos simplesmente lembrar você de tomar essa decisão — pelo bem de seu cônjuge.

Para ajudar você a conseguir isso, citamos um exemplo surpreendente: o das formigas. É isso mesmo, aquelas criaturinhas que parecem nunca parar de trabalhar. Um estudo publicado recentemente revelou que as formigas operárias sacrificam tempo e eficiência para ensinar outras formigas a achar comida.[1] Quando uma formiga sai para

> Poucas coisas no mundo são mais poderosas do que um empurrãozinho... Um sorriso. Uma palavra de otimismo e esperança. E, quando as coisas estão difíceis, saber que você consegue.
>
> *Richard M. DeVos*

[1] CAREY, Bjorn. **Ant School:** The First Formal Classroom Found in Nature. Disponível em: <www.foxnews.com/story/0,2933,181364,00.html>. Acesso em: 13 jan. 2006.

procurar comida, com frequência escolhe outra formiga para acompanhá-la. Se a segunda formiga não conhecer o caminho até a fonte de alimento, a líder irá ensiná-la por um processo chamado "corrida em dupla". Enquanto a mestra corre pelo caminho em direção ao alimento, a aluna segue atrás e para constantemente a fim de localizar pontos de referência. Quando a aluna está pronta, corre e bate levemente nas pernas de trás da formiga mestra. Esse processo é extremamente importante para a formiga que está aprendendo. As formigas que participam da corrida em dupla localizam uma fonte de alimento em 201 segundos, em média, enquanto formigas que procuram alimento sozinhas levam uma média de cerca de 310 segundos (uma diferença de 35%). O estudo descobriu ainda, no entanto, que as formigas líderes podem percorrer o trajeto quatro vezes mais rápido quando não acompanhadas por uma aluna.

Os pesquisadores observaram também que algumas formigas que não queriam demorar tanto simplesmente carregavam a seguidora nas costas e a largavam na fonte de alimento. Essa técnica era três vezes mais rápida que a corrida em dupla. Mas aqui está o detalhe: as formigas que eram carregadas não conseguiam lembrar como voltar à fonte de alimento.

Aprender a diminuir o ritmo anda de mãos dadas com cultivar a paciência. À medida que você diminui o ritmo o suficiente para praticar a corrida em dupla com seu cônjuge, cultivará a paciência e desfrutará uma união mais profunda e satisfatória.

Acabe com a ira

Se ainda não aprendeu a dominar a ira, é essencial que aprenda. Declarou Horácio, o poeta latino clássico: "A ira é uma loucura momentânea; portanto, controle sua paixão, ou ela irá controlar você". Concordamos plenamente com ele.

Temos visto muitos casamentos com boas intenções seriamente feridos pelos dardos inflamados das palavras iradas. Você não pode deixar que isso aconteça.

Então, o que fazer para dar fim à ira? Permita-nos dar duas sugestões. Em primeiro lugar, saiba que não é responsável por se irar; é responsável apenas pela maneira com que reage e utiliza a ira quando esta aparece. É por isso que a Bíblia diz: "Quando vocês ficarem irados, não pequem" (Efésios 4.26). Todos fomos criados com capacidade de sentir ira veemente. No entanto, para o irascível, a ira se torna uma fúria que termina por derrotá-lo.

Em segundo lugar, pode refreá-la sabendo o que a desperta. Provavelmente, você fica mais suscetível a irritar-se quando se sente fatigado, menosprezado, frustrado ou rejeitado. Identificar exatamente o que o está deixando irritado no momento o ajudará a lidar com essa ira.

Em terceiro lugar, não faça de seu cônjuge um *bode expiatório*. Esse termo vem da referência do Antigo Testamento a um bode inocente que levava os pecados do povo e era enviado ao deserto para morrer.[2] Veja bem, é mais provável que revele sua ira à pessoa que mais o ama. Por quê? Porque é com essa pessoa que se sente mais seguro. Na verdade, você pode estar aborrecido com seu chefe, seu filho ou seu pastor, por exemplo, mas acaba descontando em seu cônjuge porque é mais seguro ficar brabo com ele. Recuse-se a fazer de seu cônjuge um bode expiatório.

Dependa da graça

No dia 11 de junho de 2002, estreou um dos programas mais populares da televisão norte-americana: *American Idol*.

[2] Levítico 16.10: "Mas o bode sobre o qual cair a sorte para bode emissário será apresentado vivo perante o SENHOR, para fazer expiação por meio dele e enviá-lo ao deserto como bode emissário" (*ARA*).

Ele se propõe a descobrir os melhores cantores, por meio de uma série de apresentações em todo o país. O programa dispõe de um júri, que logo ficou famoso por seus estilos diferentes de criticar os concorrentes: Paula Abdul, graciosa, mas nem sempre sincera; Simon Cowell, com seu estilo agressivo, sincero, raramente gracioso; Randy Jackson, sincero e, geralmente, ao mesmo tempo, com graça.

Você poderia aprender uma lição com Randy, pois, verdade seja dita, no casamento, provavelmente, você se assemelha mais ao estilo agressivo de Simon Cowell. Ao combinar sua aspereza natural com a graça, esta poderá temperar sua rudez e suavizar sua forte franqueza. Isso permitirá a você expor "a verdade em amor".[3]

A verdade sem a graça torna-se julgamento. No relacionamento conjugal, você pode dizer coisas como: "Você está brincando?! Pedi que deixasse a porta destrancada! Por sua causa, fiquei do lado de fora, esperando esse tempo todo. Como pode ser tão pateta?". Já graciosamente, diria: "Sei que não é comum eu pedir para fazer isso. Eu teria feito certamente a mesma coisa que você... Não se preocupe".

> Ação de graças não é uma pequena oração que recitamos antes das refeições. É um modo de viver.
>
> *Jackie Windspear*

A palavra "graça" vem do grego *charis* e significa *dom*. Não é algo que conquistamos. Nem é ganha por merecimento próprio. É isso que torna a graça tão valiosa no casamento. Na verdade, pode ser o presente mais valioso a oferecer ao seu cônjuge.

Para onde vamos agora

Demos um resumo de seu Estilo de Amor pessoal como Cônjuge Líder. Claro que, provavelmente, você possui um

[3] Efésios 4.15

estilo secundário, conforme indicado no relatório de sua avaliação *on-line* do Estilo de A.M.O.R. Sinta-se à vontade, então, para seguir diretamente para o capítulo que descreve esse seu estilo.

Se seu cônjuge completou a avaliação *on-line* do Estilo de A.M.O.R, sugerimos que você leia também o(s) capítulo(s) referente(s) a seu estilo. Embora específico(s) para seu cônjuge, sua leitura irá ajudar você a obter uma compreensão mais profunda de seu parceiro.

Você poderá achar também interessante ler os demais capítulos desta seção do livro. Mesmo não sendo aplicáveis diretamente ao Estilo de Amor seu ou do seu cônjuge, podem vir a ser úteis ao contrastarem os estilos uns com os outros.

Terminada esta seção, siga para a Terceira Parte, onde aprenderá como seu Estilo de Amor pode trabalhar em seu favor.

Para reflexão e discussão

1. Este capítulo o descreve como você é? Dê um porcentual aproximado de semelhança e explique por quê. Seja específico em sua explicação; fundamente o porcentual dado com alguns exemplos apropriados.

2. Após refletir sobre sua disposição própria e inata para o amor, o que acha, especificamente, que seu cônjuge poderia fazer para demonstrar mais amor a você? Poderá ser difícil para seu cônjuge fazer isso? Por quê?

3. Quando se trata, porém, de como você poderá demonstrar mais amor a seu cônjuge, que item neste capítulo você poderá pôr em prática imediatamente e como? E que outro item seria mais difícil ou desafiador e por quê?

ATIVIDADES DO LIVRO DE EXERCÍCIOS

para o Cônjuge Líder

Se estiver usando o livro opcional interativo de exercícios, vá até os exercícios destinados especificamente a aplicar este capítulo ao casamento. São vários exercícios curtos que, com certeza, vivificarão essas informações em seu relacionamento conjugal.

MOTIVADOR: O CÔNJUGE ENCORAJADOR

O amor é um ato de fé, e quem quer que tenha pouca fé também terá pouco amor.

Erich Fromm

Se o seu Estilo de Amor for o de Motivador, você é Direcionado para Pessoas e vive em Ritmo Acelerado. A combinação dessas duas disposições faz de você um Cônjuge Encorajador. Observe onde você se enquadra nos Estilos de Amor:

Iniciaremos este capítulo abordando suas maiores necessidades. Você precisa ter essas necessidades supridas para que funcione em sua melhor condição — principalmente no casamento. Para falarmos sobre sua melhor condição, iremos daí para "Você em sua melhor forma", apresentando as cinco principais características que emergem do seu interior quando tudo vai bem e funciona nos devidos lugares. Claro que não poderíamos deixar de dar uma olhada também em "Você em sua pior forma". Destacaremos aí as cinco características que mais se tornam visíveis quando suas necessidades mais profundas não estão sendo supridas.

Em seguida, iremos para "Sua disposição natural para o amor". Abordaremos a maneira em que se dá a combinação ímpar dos traços de sua personalidade para criar quem você é no casamento e o que busca em seu relacionamento amoroso.

Isso nos levará a ver como você age dentro dos "Cinco domínios do casamento na vida real". Esses domínios são: comunicação, conflito, sexo, finanças e tempo de folga. Veremos de perto como você encara cada um deles.

> O pessimista vê dificuldade em cada oportunidade; o otimista vê oportunidade em cada dificuldade.
>
> *Winston Churchill*

Por fim, queremos indicar algumas formas práticas de "Como demonstrar mais amor por seu cônjuge". De fato, depois de haver compreendido suas necessidades pessoais mais profundas e a forma com que elas definem sua maneira de viver o casamento, você estará habilitado a expressar amor em nível muito mais profundo.

Antes de prosseguir, gostaríamos que tivesse em mente que talvez possa vir a ler, aqui e ali, vez por outra, algo com que não concorde. Poderá achar, por exemplo, que determinada característica não está de acordo com sua descrição de forma completa. Tudo bem. Não permita que isso interfira no conteúdo do que considera útil. Presumindo que haja realizado sua avaliação *on-line*, já sabe que a personalidade é muito complexa para se enquadrar inteiramente sob determinado rótulo. Muito provavelmente, você é uma combinação de Estilos de Amor em que um predomina sobre os demais. Assim, não espere que toda descrição feita neste capítulo venha a se encaixar perfeitamente em você.

Agora, respire fundo. Mantenha a mente aberta. Sintonize-se naquilo que mostra ser verdadeiro em sua experiência e deixe de lado o que não seja. Relaxe, enquanto descobre seu próprio Estilo de Amor.

Suas necessidades mais profundas

Por ser um Cônjuge Encorajador, você necessita de aprovação. Está em seu DNA. Você se alimenta da aceitação daqueles que estão ao seu redor — principalmente seu cônjuge. Elogios fazem você prosperar. Tem um radar interior que nunca desliga e que detecta constantemente seu nível de aprovação, procurando o menor movimento, positivo ou negativo. Se seu índice cai, imediatamente você muda de tática para ganhar mais apoio. Se, por exemplo, perceber que seu cônjuge não gosta do que está vestindo, mesmo que de leve, sente que deverá experimentar algo diferente.

Além de aprovação, você deseja afeição. Ou seja, quer que seu cônjuge leve em consideração seus desejos e tenha atenção em supri-los. No entanto, se o seu cônjuge não o inundar de afeição, você continuará, de todo modo, dando-lhe carinho. Em outras palavras, você faz tudo o que pode para desfrutar um relacionamento afetuoso e profundo, que envolva, até mesmo, conversas

> O pessimista vê apenas o lado escuro das nuvens e se lamenta; o filósofo vê os dois lados e dá de ombros; o otimista não vê as nuvens — ele está caminhando sobre elas.
>
> *Leonard L. Levinson*

animadas e inspiradoras. É esta uma de suas necessidades mais profundas.

> Amar o que se faz e sentir que é relevante — como algo poderia ser mais divertido?
>
> *Katharine Graham*

Você também tem uma profunda necessidade de diversão. É claro que todos gostam de se divertir; mas você garante que haverá diversão. Não apenas vai a uma festa; você é a festa. Sua personalidade alegre e extrovertida atrai as pessoas e o faz popular. Gosta de brincar, rir e entreter as pessoas. Para você, diversão é, praticamente, tudo que seja espontâneo, surpreendente, aventureiro, sem restrições, não planejado. Se alguma coisa não for divertida, ou você a torna divertida ou perde o interesse por ela.

Sendo uma pessoa com Estilo de Amor Motivador, busca atenção, afeto, aprovação e aceitação — mesmo quando se diverte.

O lema do Cônjuge Encorajador é:
Se valer a pena fazer, faça-o de modo divertido.

Você em sua melhor forma

Certa vez, Bob Basso, organizador de equipes empresariais, disse: "Se não for divertido, então você não está fazendo certo". Você, sem dúvida, concorda inteiramente com essa afirmativa — qualquer que seja a atividade. E muita gente concorda que você faz muitas coisas certas. Eis algumas das qualidades que você revela quando se acha em suas melhores condições:

Fã de diversão

Já salientamos que você adora se divertir, que viver momentos alegres faz parte inata do seu ser. Você é também excelente quando se trata de proporcionar instantes agradáveis aos outros. Sua alegria é contagiante. Você anima as conversas — para não mencionar seu casamento — com risadas e jovialidade. Levanta o moral com seu bom humor espontâneo. Você tem o maravilhoso dom de fazer as pessoas se sentirem melhor.

Otimista

"Se você estiver em uma situação restrita e todos estiverem contra você, até parecer que não aguenta nem mais um minuto, não desista, pois é exatamente nessa condição e nesse momento que a maré vai mudar", disse a escritora abolicionista norte-americana Harriet Beecher Stowe. Ela faz eco, certamente, aos seus pensamentos.

Por quê? Porque, mais do que qualquer dos detentores dos outros Estilos de Amor, você é a personificação de um espírito otimista e positivo. Sabe que algo de bom está prestes a acontecer. Você aposta nisso. Sua atitude confiante é uma das grandes qualidades que você traz para o casamento.

Persuasivo

Você tem um jeito encantador, que pode ser muito influente. É uma qualidade de liderança, que o torna capaz de influenciar opiniões. É convincente, podendo levar as pessoas a acreditar em você. As pessoas se interessam pelo seu ponto de vista (que você raramente fica constrangido em expressar), pois se interessam pelo que você pensa. Evidentemente que sua persuasão não é desperdiçada em seu relacionamento conjugal. Você exerce uma tremenda influência em seu casamento, quer ela seja reconhecida quer não. Sua persuasão pode ser sugestiva ou insistente, mas, de qualquer forma, você é uma pessoa persuasiva.

Sociável

Quando as pessoas se referem a você, com frequência usam a palavra "animado". É uma forma de dizer que você é divertido, agradável, gentil, acolhedor, amigável. Você aquece o coração das pessoas.

Você, provavelmente, não valoriza muito essa característica, mas, na verdade, ela não é muito comum. Daí, o provérbio japonês: "Uma palavra calorosa pode aquecer três meses de inverno". Gentileza é algo raro — a não ser que alguém como você esteja presente. É uma qualidade que, desde o início, aproximou seu cônjuge de você.

> Enquanto somos amados pelos outros, diria que somos quase indispensáveis.
>
> *Robert Louis Stevenson*

Encorajador

Você, literalmente, preenche as outras pessoas, em especial seu cônjuge, de coragem e confiança. Sua energia natural e seu otimismo constante inspiram confiança em seus relacionamentos. Demonstra crer nas pessoas com quem se preocupa. E não se recusa a encorajá-las a perseguir ao que aspiram. Você é uma combinação de publicitário, promovedor e chefe de torcida. E, como possui o poder da persuasão, inspira os outros como poucos.

Você em sua pior forma

Oscar Wilde disse: "A base do otimismo é o terror absoluto". Quer concorde com esse pensamento quer não, podemos dizer que o lado amedrontador de sua personalidade emerge quando suas necessidades mais profundas não estão sendo supridas. É aí que sua face otimista torna-se sombria. Quando está em seu pior estado, você tende a demonstrar as seguintes características:

Fuga dos conflitos

Tradicionalmente, você não gosta de criar conflitos. A princípio, isso parece admirável. Mas essa atitude cria certo desconforto e falsidade nos relacionamentos. Como você tende a enterrar a raiva e varrer as dificuldades para baixo do tapete, abre mão da autenticidade. Por exemplo, diz algo que não é totalmente verdadeiro para que seu cônjuge não se aborreça; consente, somente para permanecer tranquilo. Fará o que for preciso para manter a paz em vez de fazer o que é certo.

Seu relacionamento só consegue suportar tal falsidade até aparecer uma rachadura na capacidade de seu cônjuge confiar em você.

> O homem que não suporta que seus erros e deficiências venham à tona e sejam conhecidos, mas tenta escondê-los, não está apto a trilhar a estrada da verdade.
>
> *James Allen*

Dramático

Você pode fazer muito barulho por nada. Às vezes, talvez, por pura diversão, ao transformar algo trivial em uma novela só porque, parece, dá um enredo melhor. Outras vezes, porém, faz isso para conquistar simpatia. Faz muita confusão por nada quando suas emoções assumem o controle. Se estiver sensível, por exemplo, porque sua capacidade matemática foi criticada, poderá desenvolver toda uma história dramática sobre como a professora da terceira série o humilhou daquela vez na frente de toda a turma só por não haver conseguido resolver um problema de aritmética. Uma história dessa gera simpatia, mesmo que seja quase nada verdadeira.

Fácil de se distrair

Seu jeito divertido pode gerar dificuldade para a realização de uma tarefa que considere cansativa. Pode ser uma palestra, um projeto de trabalho, a leitura de instruções ou a execução de uma tarefa doméstica. Nesses momentos, você tende a sonhar acordado, a brincar com os colegas ou a fazer pausas frequentes. O resultado, com certeza, é que não consegue terminar a tarefa. Isso também pode ocorrer se usar do expediente de ser, de repente, assaltado por um desejo. Quer uma xícara de café, mas não é qualquer café. Quer aquele tipo especial que só é vendido do outro lado da cidade. Mais uma vez, sua natureza impulsiva e seu espírito positivo podem levá-lo a se distrair e negligenciar a atividade.

Propenso a adiar

Essa característica temível, provavelmente, não é surpresa. Você deixa para mais tarde praticamente tudo que não seja ameno ou divertido ou possa representar conflito. Talvez já se tenham passado alguns meses desde a última vez que fez um balanço das contas, por exemplo. Só de pensar em fazer um trabalho tão entediante faz que queira adiá-lo mais um pouco ou simplesmente desista dele completamente. Essa protelação é, geralmente, improdutiva e desnecessária — e, quase sempre, resulta em mais estresse. Mesmo assim, não parece animar-se e fazer as coisas que teme. Isso afeta o casamento? É claro. Você já sabe que isso costuma deixar seu cônjuge, às vezes, confuso.

Esquecido das coisas

Uma vez que sua disposição inata é agradar as pessoas, e como foi talhado para se divertir, pode facilmente tornar-se um tanto esquecido de coisas a fazer. Se seu cônjuge pedir que você não deixe de telefonar para um amigo da família agora mesmo, mas você precisa levar uma encomenda até a agência do correio antes que feche, provavelmente esquecerá a tarefa comum de enviar a encomenda.

O fato é que você se desvia do rumo com facilidade. Mesmo que tenha um cronograma a cumprir, uma lista de tarefas a realizar ou um planejamento financeiro a seguir, pode acabar se atrasando, ou esquecendo, ou gastando demais, porque se voltou para alguém ou alguma coisa que lhe pareceu mais interessante ou significativa no momento.

Sua disposição natural para o amor

Você encara o casamento como encara, praticamente, tudo. Com uma pergunta: "Ainda estamos nos divertindo?". Em condições ideais, o casamento para você é cheio de romance e aventura. Espera paixão, entusiasmo, empolgação. Acima de tudo, espera sentir-se uma pessoa aceita e amada — profundamente amada. Em outras palavras, deseja um casamento afetuoso, livre de tensões e transbordante de alegria.

Você não perde muito tempo lamentado nem reclamando com os outros sobre como seu casamento deveria ou poderia ser. Afinal, problemas e conflitos só fazem é diminuir a diversão; e, certamente, não está a fim de ter que "trabalhar" o seu casamento. Sua intenção é fazer do seu casamento o melhor possível, mas, sem dúvida, pretende fazer isso com muita criatividade e diversão.

Rick, um marido tipicamente Encorajador, possui uma personalidade energética e vê sempre o lado bom das coisas. Assim, quando seu casamento estava atravessando um momento difícil, não procurou "conselheiro matrimonial" nenhum. Em vez disso, agendou umas férias. Sem avisar, literalmente sequestrou a esposa, levando-a para a Europa por nove dias sem praticamente levar malas. "Queria que fosse uma aventura", ele conta. "Não tínhamos reservas em hotéis, nem itinerário — e mal tínhamos dinheiro para gastar! Eu sabia, no entanto, que poderíamos adquirir pelo menos o necessário para vivermos lá. Estávamos viajando às cegas", narra ele, exultante. "Tivemos uma experiência bastante agradável, que nos tirou das nossas briguinhas rotineiras."

É assim que uma pessoa com um Estilo de Amor do tipo Motivador encara seus problemas no casamento. Nem sempre, evidentemente, chega a ser extravagante. Você, sem dúvida, já criou situações divertidas e fez boas surpresas no casamento e gosta, certamente, de contar histórias a respeito (aumentando e enfeitando um pouco, naturalmente, para melhor agradar).

Por falar em contar histórias, você precisa da atenção total de seu cônjuge quando está contando alguma. Na verdade, precisa do ouvido atento de seu cônjuge sempre que está falando e, *realmente*, você gosta de falar. Ao descrever como foi seu dia ou relatar uma reunião, necessita que seu cônjuge escute cuidadosamente, prestando atenção especial aos seus sentimentos. Para você, este é um sinal de que, com certeza, é amado. Se não estiver recebendo toda a atenção que deseja, ou tentará empenhar-se mais, tornando a história mais dramática ou emotiva, ou, se ficar realmente magoado, deverá parar de falar.

Por ser um Cônjuge Encorajador, você expressa seu amor com abundante afeição e encorajamento e deseja ardentemente o mesmo de seu cônjuge. Mas, provavelmente, nem sempre recebe tanto amor como gostaria. Em virtude de sua busca inata por aprovação, você não ficará bem se sentir que a afeição e o encorajamento no casamento estão minguando. Provavelmente, ficará amuado, de mau humor, lamentando ou se afastando — à espera de que seu cônjuge perceba essas "dicas" e encha você novamente de amor e afeição.

A questão é que você está programado para amar desse modo: fazendo de seu casamento uma experiência empolgante, apaixonada, afetuosa e divertida.

Como o Cônjuge Encorajador define o amor:
Amor é... ser totalmente atencioso e mostrar um ao outro afeto e aceitação.

Você e os cinco domínios do casamento na vida real

Todo casamento, não importa em que fase esteja, possui domínios específicos que podem se tornar pontos de discórdia, atrito e disputa entre marido e mulher. Essa situação se verifica, principalmente, entre os casais que não sabem como seus estilos pessoais de amor influenciam e moldam cada um desses domínios. Tais domínios são: comunicação, conflito, sexo, finanças e tempo de folga

Vejamos, agora, como você encara cada um deles.

Sua perspectiva de comunicação

Você nunca fica sem saber o que dizer; ama falar, tem prazer em ser escutado com atenção. Essa é uma das formas mais reveladoras de monitorar o índice de aprovação de seu esposo. Quanto mais seu cônjuge escuta, mais você se sente amado. Assim como o apresentador de um programa de entrevistas tarde da noite, você é especialista em conduzir a conversa para que seja o mais interessante possível.

A propósito, não é que não escute seu cônjuge falar. Você escuta, escuta muito bem. É um ótimo ouvinte. Simplesmente quer que ambos tenham oportunidade de escutar, ou não será divertido. Em geral, prefere que sua mensagem seja ouvida primeiro; isso o ajuda a ser um ouvinte melhor.

A comunicação para você é o meio principal de dar e receber amor no casamento. Se estiver enfrentando problemas de comunicação, estará enfrentando problemas matrimoniais.

Sua perspectiva de conflito

Você abomina conflitos e evita, de todos os modos, confrontar a questão do momento, mesmo que seu cônjuge queira discuti-la. Age assim, mudando de assunto, adiando a discussão ou, simplesmente, não mencionando o assunto. Por vezes, negará os próprios desejos, simplesmente para evitar tensão. Ocultará os sentimentos e sorrirá para esconder a aflição. Você tolera algumas coisas que seu cônjuge faz e de que você não gosta, por medo de que abordar o problema cause conflito. E, quando as coisas ficam difíceis, afasta-se completamente do relacionamento e fica aborrecido.

É importante saber que fugir dos conflitos é diferente de preveni-los. O primeiro não é saudável; já o último, sim. Provavelmente, você faz as duas coisas. Além de evitar o conflito, escondendo seus verdadeiros sentimentos, também impede conflitos potenciais no casamento, tendo conhecimento do que é capaz de dar início a um desentendimento com seu cônjuge.

Sua perspectiva de intimidade e sexo

Como seu Estilo de Amor é Motivador, muito provavelmente, você é divertido, enérgico e criativo entre quatro paredes (desde que esteja descansado). Embora, nem sempre tome a iniciativa (especialmente se for a mulher), com frequência você define o clima. Anseia por agradar seu cônjuge. Aprecia a expectativa de fazer amor e deixa que seu cônjuge perceba que está aguardando por isso.

Você vê o sexo como um meio de dar e receber amor. Tão importante quanto sentir-se bem fisicamente é sentir-se amado emocionalmente. Se sentir rejeição de alguma forma, não se exporá livremente na intimidade. Tampouco usa o sexo para compensar palavras que precisem ser ditas. Gosta de expressar amor verbalmente antes e depois de fazer amor fisicamente.

Sua perspectiva de finanças

A maioria das pessoas não combina finanças com diversão. No seu caso, só pensar em ter de ler documentos de financiamento de uma casa ou de um investimento que está planejando já suga suas últimas gotas de energia; e você raramente separa tempo para fazer isso. Tem uma visão otimista ao lidar com as finanças; todavia, pode ser um pouco suscetível quando se trata de dinheiro. Em certas ocasiões, pode ser ingênuo e, até mesmo, irresponsável com questões financeiras.

Se for você o responsável por fazer a contabilidade doméstica, pode tender a um pouco de descuido e facilmente desconsiderar as coisas que acha sem importância em vez de brigar pelo último tostão. Aborda as questões financeiras, no entanto, com o máximo entusiasmo possível. Se algo chamar sua atenção e desejar comprá-lo, fará o possível para convencer disso seu cônjuge. Gosta também de relatar quando cumpre uma meta financeira e espera disso certa celebração. Seu maior temor nessa área é desagradar seu cônjuge e sentir rejeição no que diz respeito a questões financeiras.

Sua perspectiva de tempo de folga

Chegamos ao seu ponto forte. Você adora tempo de folga; ele o revigora. Quando se sente descansado e suas necessidades mais profundas estão supridas, está pronto para aproveitar esse tempo ao máximo. Está pronto para a aventura; para uma nova experiência. E, sem dúvida nenhuma, quer fazer algo em seu tempo de folga que possa render uma boa história, algo que possa contar aos amigos.

Mais ainda, gosta de sair e passar o tempo com outros casais de amigos. Gosta de interações frequentes com a família e as amizades. Se ficam apenas vocês dois muito tempo presos em casa, começa a sentir tédio. É bem provável que, depois do culto de domingo, na saída da igreja, convide outro casal para almoçar com vocês. Se vocês vão ao cinema, ao teatro, jantar fora, a um jogo, é possível que convide amigos para irem junto. E, é claro, você aprecia sempre uma boa festa.

Na verdade, você não é do tipo que fica sem fazer nada por muito tempo se tem tempo de folga. Consegue, naturalmente, descansar e ficar sem fazer nada por algum tempo, mas que seja, preferencialmente, em um lugar divertido. Você quer é ir ao clube, caminhar na praia. E, por mais estranho que pareça, prefere que seu descanso seja imprevisto, que não precise de um plano detalhado nem estruturado. Gosta de espontaneidade e novas descobertas.

Como demonstrar mais amor por seu cônjuge

Sendo uma pessoa que gosta de conquistar aprovação e uma pessoa ativa e voltada para os outros, há várias atitudes específicas, que pode adotar, que com certeza beneficiarão seu casamento. Vamos ressaltá-las, na intenção de que se torne um esposo ou esposa melhor.

Esteja disposto a discordar

Provavelmente você não gostaria de ouvir isso, mas precisa aprender a combater o bom combate. Sua capacidade de ir junto com a maré e esconder seus verdadeiros sentimentos, como meio de manter a paz no casamento, não é sadia. Essa sua atitude impede seu crescimento e autenticidade. A honestidade é fundamental no matrimônio. Sem ela, com o passar do tempo, o relacionamento, fica oco. O amor, por fim, acaba vazio.

Para ajudar você, vamos relembrar algumas razões pelas quais você teme ser mais honesto com seu cônjuge. Com muita frequência, você esconde seus verdadeiros sentimentos, que imagina possam magoar seu cônjuge, porque teme ser rejeitado. Teme que, se discordar de seu cônjuge, este negue a você afeição e amor. Isso não é verdade. É claro que surgirão algumas ondas temporárias no relacionamento, e você navegará por alguns mares bravios temporariamente por causa de sua tomada de decisão de discordar, mas, ao agir assim, estará fortalecendo o relacionamento para que resista a inevitáveis tempestades mais fortes da vida.

Da próxima vez que sentir a tentação de dizer: "Não quero ferir os sentimentos de meu cônjuge", substitua por: "Estou disposto a arriscar uma ligeira tensão no presente para poder ter um relacionamento mais forte e mais autêntico no futuro".

> Integridade é dizer a verdade a mim mesmo. Honestidade é dizê-la aos outros.
>
> *Spencer Johnson*

Ser sensível e compreensivo com as necessidades de seu cônjuge é, sem dúvida, uma qualidade valiosa. É admirável procurar minimizar os conflitos — mas não a ponto de ser falso. Você pode demonstrar mais amor por seu cônjuge sendo mais autêntico, quando tiver desejos, opiniões ou sentimentos diferentes dos dele.

Fale a verdade

"Falar a verdade" anda lado a lado com "ser honesto". Veja bem: sendo uma pessoa que anela por amor e aceitação, esconde, por vezes, suas falhas, erros e enganos. Jennifer é casada com um homem excessivamente meticuloso com o dinheiro e que gosta de fazer a contabilidade das finanças da casa. Quando ela chega das compras, o marido pergunta quanto custaram as coisas. "Você foi àquele supermercado careiro? E quanto foi este tomate?", provoca ele. "Estava em oferta", responde Jennifer, astuciosamente, evitando uma resposta sincera. "Não são uns tomates bonitos?", pergunta Jennifer. Conhecendo a tendência da esposa de esconder a verdade em momentos como esse, o marido logo vasculha as sacolas para encontrar a nota fiscal de compra. Acha: "Você pagou tudo isso por meio quilo de tomates?", exclama.

Na verdade, embora o preço possa ser um tanto alto, o que mais o irrita é o fato de a esposa não ter falado a verdade sobre as despesas. Essas pequenas fraudes diminuem a confiança que ele deposita nela.

Isso é válido para o seu casamento e envolve muito mais do que dinheiro. Você pode demonstrar mais amor por seu cônjuge falando a verdade em todas as situações. Especialmente se errou em alguma coisa. Disraeli dizia: "Uma das coisas mais difíceis do mundo é admitir que estamos errados. Mas nada ajuda mais a resolver uma situação do que admitir francamente nosso erro". É verdade. Não tenha receio de confessar pontos fracos. Embora você possa achar que isso afasta seu cônjuge, irá, na verdade, aproximá-los, pois você se tornará uma pessoa mais digna de confiança de seu(sua) parceiro(a).

Modere a loquacidade

Não que você queira preencher cada momento com o som de sua voz, mas, mais do que os outros, você tem a tendência de responder em todos os detalhes a uma pergunta simples como: "Que tal foi seu dia?" ou "O que aconteceu na reunião?".

Algumas pessoas falam demais porque se sentem inseguras ou gostam do som da própria voz. Algumas falam demais porque são dogmáticas ou egocêntricas. Com toda a probabilidade, essas não são as razões que impulsionam você a falar demasiadamente. Você tende a falar demais porque anseia por aceitação e aprovação.

Henrique, típico marido Motivador, trabalhava com vendas. Na verdade, distinguia-se no trabalho e amava a interação pessoal com seus clientes. A mulher, por outro lado, era uma esposa Reflexiva e trabalhava como bibliotecária. Gostava de ter um tempo para relaxar e descansar a mente no fim do dia de trabalho; mas Henrique, não. Poderia falar e falar sem cessar sobre clientes interessantes que conhecera e mudanças feitas no *showroom* dos produtos. Amava descrever todos os detalhes. E a esposa? Embora esforçando-se por ouvir, na verdade, para fazer que Henrique moderasse a loquacidade, pelas tantas pegava um jornal ou revista e passava a evitar o contato visual. Não tinha importância para ele, que continuava a falar por mais algum tempo. Só então, percebendo que a esposa não estava mais interessada, sentia-se rejeitado e se calava

Com o tempo, Henrique aprendeu a moderar sua loquacidade excessiva sem se ofender com os sinais da esposa. Essa é a chave. Percebeu que ela não tinha a mesma disposição que ele para conversar. Muita conversa a deixava exausta. Na verdade, enquanto estava aprendendo a refrear suas conversas, havia uma expressão que o ajudava: "excesso de informação". Quando percebia um dos sinais da esposa, como ausência de contato visual, usava estas duas palavras em forma de pergunta. Esse entendimento criou uma oportunidade para a esposa dizer se devia prosseguir ou pedir para resumir.

Você pode fazer a mesma coisa com seu cônjuge. Pode parecer estranho, porque, sob o seu ponto de vista, falar é um meio de se tornarem mais próximos; mas, para seu cônjuge, pode ser uma coisa em excesso. Tudo que tem a fazer é perguntar.

Respeite o plano

Sejamos honestos, você não é uma pessoa que respeite planos. Não busca uma estrutura ou rotina. Por que viver duas vezes o mesmo dia, certo? Você tem a tendência de falar sem pensar ou tomar decisões impulsivas e improvisadas. Claro que tem alguns objetivos e conclui as coisas, mas não necessariamente é forte em organização e em cronogramas rigorosos.

Seu cônjuge, por outro lado, pode não ser assim. Por exemplo, se você é casado com um alguém Arrojado ou Reflexivo, dificilmente essa pessoa fará alguma coisa sem um propósito e um plano. Se quiser demonstrar mais amor por seu cônjuge, portanto, precisará respeitar seus projetos e planos.

Para você, pode ser ótimo simplesmente sair para jantar, sem nem pensar em que restaurante ir ou o que fazer. Descobrir um restaurante novo, bom ou ruim, pode fazer parte da aventura. Mas seu cônjuge pode, literalmente, ter outros planos. Talvez queira ver um filme na Internet, ou telefonar para um restaurante e fazer uma reserva... enfim, pode ter um plano. Ao respeitar você esse plano, seu cônjuge se sentirá amado.

Na verdade, você também demonstra amor por seu cônjuge quando traz sua espontaneidade afável para o relacionamento. Essa característica agrega muito valor ao casamento. E você faz isso automaticamente. Simplesmente, estamos lembrando que o casamento é uma estrada de mão dupla. O planejamento e a estruturação de seu cônjuge agregam, do mesmo modo, valor ao relacionamento de vocês; e, quanto mais você perceba e respeite essa maneira de ser, mais demonstrará amor por ele ou ela.

> Planejar compensa. Não estava chovendo quando Noé construiu a arca.
>
> *Anônimo*

Thomas Edison disse: "A boa sorte acontece quando a oportunidade encontra o bom planejamento". Você dirá o mesmo, quando der valor aos planos de seu cônjuge.

Termine o que começou

> O otimismo não espera por fatos; lida com as possibilidades.
>
> *Norman Cousins*

William James declarou: "Nada é tão cansativo quanto protelar uma tarefa inacabada". Você sabe o que é isso, não é mesmo? Todos nós temos, de tempos em tempos, tarefas inacabadas que nos atormentam. Todos nós, às vezes, adiamos as coisas por causa da indecisão, falta de tempo, falta de prioridades ou, simplesmente, pelo velho medo. No entanto, você, mais do que a maioria, tem a tendência de iniciar projetos com um arroubo de entusiasmo e, então, termina deixando-os de lado, não necessariamente por falta de prioridade ou por temor, mas porque já não são mais tão divertidos ou interessantes como eram antes; ou porque surgiu algo mais atraente; ou porque seu otimismo o levou a subestimar o tempo necessário para completá-los. Qualquer que seja o motivo, essa falta de perseverança pode ser prejudicial ao casamento.

No início, essa prorrogação pode deixar seu cônjuge ansioso (especialmente se for Arrojado ou Reflexivo). Bubbly Brittany, que tem um Estilo de Amor verdadeiramente Motivador, não se importa com o caos de última hora, com a agitação frenética e a bagunça. Já que é mais divertido apressar-se para chegar ao fim, não se importa de tomar atalhos, esconder a bagunça no armário e nas gavetas. Esse tipo de desorganização deixa o marido "maluco", pois ele gosta de ordem. Gosta de planos e coisas previsíveis. Gosta de seguir etapas e não sacrificar a qualidade. Então, pode imaginar como ele se sente quando abre uma gaveta esperando encontrar a tesoura e ela não está em lugar nenhum. Acontece que Bubbly precisou dela para enrolar em papel celofane 25 tratores em miniatura cheios de balas, para uma festinha na aula de seu filho, que está na terceira série da escola. Fez a metade, quando então se lembrou das toalhas molhadas que havia deixado na máquina de lavar desde o dia anterior. Correu para reiniciar a máquina e, depois, não conseguia mais encontrar a tesoura (que estava em sua mão e ficou em cima da máquina de lavar) para terminar de embrulhar os tratores, que permanecem espalhados na mesa de jantar.

Você com certeza já tem ideia disso. Conhece o cansaço que pode se abater sobre o casamento envolto em tarefas inacabadas. Por isso, pode mostrar mais amor por seu cônjuge terminando o que começou e persistindo o máximo que puder em suas atividades.

Para onde vamos agora

Bem, esse é um resumo do seu Estilo de Amor pessoal como Cônjuge Encorajador. Claro que, provavelmente, você possui um estilo secundário, conforme indicado no relatório de sua avaliação *on-line* do Estilo de A.M.O.R. Sinta-se à vontade, então, para seguir diretamente para o capítulo que descreve esse seu estilo.

Se seu cônjuge completou avaliação *on-line* do Estilo de A.M.O.R, sugerimos que você leia também o(s) capítulo(s) referente(s) a seu estilo. Embora específico(s) para seu cônjuge, sua leitura irá ajudar você a obter uma compreensão mais profunda de seu parceiro.

Você poderá achar também interessante ler os demais capítulos desta seção do livro. Mesmo não sendo aplicáveis diretamente ao seu Estilo de Amor ou ao do seu cônjuge, podem vir a ser úteis ao contrastarem os estilos uns com os outros.

Terminada esta seção, siga para a Terceira Parte, onde aprenderá como seu Estilo de Amor pode trabalhar em seu favor.

Para reflexão e discussão

1. Este capítulo o descreve como você é? Dê um porcentual aproximado de semelhança e explique por quê. Seja específico em sua explicação; fundamente o porcentual dado com alguns exemplos apropriados.

2. Após refletir sobre sua disposição própria e inata para o amor, o que acha, especificamente, que seu cônjuge poderia fazer para demonstrar mais amor a você? Poderá ser difícil para seu cônjuge fazer isso? Por quê?

3. Quando se trata, porém, de como você poderá demonstrar mais amor a seu cônjuge, que item neste capítulo você poderá pôr em prática imediatamente e como? E que outro item seria mais difícil ou desafiador e por quê?

ATIVIDADES DO LIVRO DE EXERCÍCIOS

para o Cônjuge Encorajador

Se estiver usando o livro opcional interativo de exercícios, vá até aqueles destinados especificamente a aplicar este capítulo ao seu casamento. São exercícios curtos que, com certeza, vivificarão essas informações no seu relacionamento conjugal.

OBSERVADOR: O CÔNJUGE DEDICADO

> Tudo aquilo a que me dediquei, dediquei-me completamente; sempre me empenhei com convicção nos pequenos e grandes objetivos.
>
> *Charles Dickens*

Se o seu Estilo de Amor for de Observador, você é Direcionado para Pessoas e tem Ritmo Lento de vida. A combinação dessas duas disposições faz de você um Cônjuge Dedicado. Observe onde você se enquadra nos Estilos de Amor:

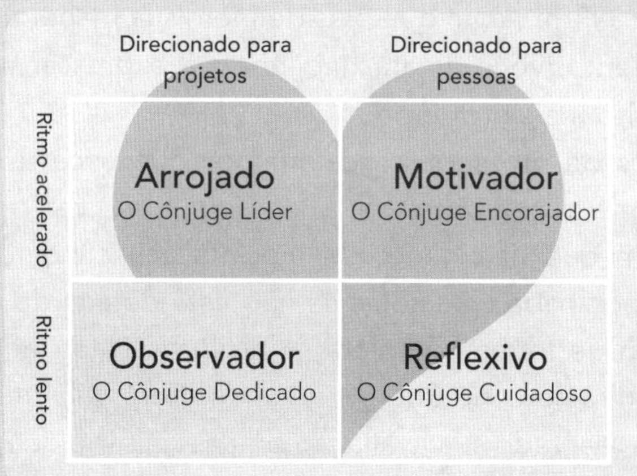

Iniciaremos este capítulo abordando suas maiores necessidades. Você precisa ter essas necessidades supridas para que funcione em sua melhor condição — principalmente no casamento. Para falarmos sobre sua melhor condição, iremos daí para "Você em sua melhor forma", apresentando as cinco principais características que emergem do seu interior quando tudo vai bem e funciona nos devidos lugares. Claro que não poderíamos deixar de dar uma olhada também em "Você em sua pior forma". Destacaremos aí as cinco características que mais se tornam visíveis quando suas necessidades mais profundas não estão sendo supridas.

Em seguida, iremos para "Sua disposição natural para o amor". Abordaremos a maneira em que se dá a combinação ímpar dos traços de sua personalidade para criar quem você é no casamento e o que busca em seu relacionamento amoroso.

Isso nos levará a ver como você age dentro dos "Cinco domínios do casamento na vida real". Esses domínios são: comunicação, conflito, sexo, finanças e tempo de folga. Veremos de perto como você encara cada um deles.

Por fim, queremos indicar algumas formas práticas de "Como demonstrar mais amor por seu cônjuge". De fato, depois de haver compreendido suas necessidades mais profundas e a forma com que elas definem sua maneira de viver o casamento, você estará habilitado a expressar amor em nível muito mais profundo.

Antes de prosseguir, gostaríamos que você tivesse em mente que talvez possa vir a ler, aqui e ali, vez por outra, algo com que não concorde. Poderá achar, por exemplo, que determinada característica não está de acordo com sua descrição de forma completa. Tudo bem. Não permita que isso interfira no conteúdo do que considera útil. Presumindo que haja realizado sua avaliação *on-line*, já sabe que a personalidade é muito complexa para se enquadrar inteiramente sob determinado rótulo. Muito provavelmente, você é uma combinação de Estilos de Amor em que um predomina sobre os demais. Assim, não espere que toda descrição feita neste capítulo venha a se encaixar perfeitamente em você.

Agora, respire fundo. Mantenha a mente aberta. Sintonize-se naquilo que mostra ser verdadeiro em sua experiência e deixe de lado o que não seja. Relaxe, enquanto descobre seu Estilo de Amor.

Suas necessidades mais profundas

Sendo um Cônjuge Dedicado, você necessita de paz e harmonia bem mais do que qualquer outro dos Estilos de Amor. Na verdade, ter a casa repleta de paz está no topo da lista de suas demandas. Você está programado para usufruir lealdade, união e entendimento, o que significa que abomina confrontos e conflitos; a tal ponto que engole silenciosamente sentimentos dolorosos, a fim de evitar uma possível discussão.

> Harmonia é puro amor.
>
> *Lope de Vega*

É claro que a repressão da frustração pode vir a se desenvolver em ressentimento, mas você prefere continuar relativamente calado a respeito de seus sentimentos discordantes só para manter a paz. O único momento em que seus ressentimentos transparecem é quando você se distancia ainda mais que o normal. Tal atitude faz seu cônjuge conjeturar se você estaria ou não investindo no relacionamento. Quaisquer que sejam suas táticas, no entanto, sua necessidade mais profunda é de manter a paz e a harmonia.

Você necessita também profundamente de estabilidade. Gosta que as coisas sejam consistentes e estáveis. Ama a lealdade, não deseja perturbar o equilíbrio nem causar turbulência e não gosta que seu cônjuge o faça. Na verdade, não aprecia muito as mudanças, sejam elas quais forem, a menos que haja um motivo muito bom e não afete negativamente o relacionamento conjugal. Prefere as coisas previsíveis às espontâneas. Escolhe confiança em vez de entusiasmo. Larry McMurtry, que ficou mais conhecido por seu livro *Lonesome Dove* [Pomba solitária], recorda que seu pai raramente saía de sua velha fazenda no leste do Texas. Comparando suas longas viagens como boiadeiro com a vida rotineira do pai, McMurtry admite: "Olhei muitos lugares rapidamente, enquanto meu pai olhou um só lugar profundamente". Você é parecido com o pai de McMurtry: tem uma profunda necessidade de estabilidade.

> A ação deve resultar de uma quietude alcançada: não ser meramente apressada.
>
> *D. H. Lawrence*

Em razão de seu Estilo de Amor do tipo Observador, você não apenas valoriza seu cônjuge, mas quer também ser valorizado e respeitado por ele. Pode não falar muito, mas, quando fala, deseja que sua opinião seja ouvida, reconhecida e respeitada. Não importa se seu cônjuge de fato concorda ou não com o que você está dizendo, mas requer ser tratado com genuíno respeito. Necessita que seu cônjuge reconheça que o que está dizendo é uma expressão legítima de seus sentimentos. Em outras palavras, não tolera ser marginalizado ou desconsiderado.

O lema do cônjuge dedicado é:
Se valer a pena fazer, faremos juntos.

Você em sua melhor forma

Todos prezam a dedicação, e todo casamento a exige. Mas você tem pela dedicação uma atração especial. Você é projetado, literalmente, para profunda dedicação ao casamento, e, se suas necessidades são devidamente supridas, sua dedicação se caracteriza por vários traços admiráveis. Aqui estão alguns deles.

Leal

Por ser um Cônjuge Dedicado, você personifica fidedignidade, fidelidade, dedicação, segurança e perseverança. Todas essas qualidades fazem parte de sua personalidade. É inteiramente contrário à sua natureza ser uma pessoa instável, imprevisível ou duvidosa. Você, simplesmente, não é assim.

Fará tudo o que for preciso para manter e realizar uma promessa. Seu cônjuge pode contar com você — nos bons e nos maus momentos. Você é uma rocha. Tão leal quanto possível.

Agradável

Seu Estilo de Amor Observador oferece uma agradável afabilidade ao relacionamento. Quando em sua melhor condição, ela o torna uma pessoa divertida, adaptável e flexível. Em outras palavras, é fácil conviver com você — mesmo que demore a se animar.

> A necessidade de nos dedicarmos a alguma coisa fora de nós é mais profunda do que a necessidade de companhia. Se não quisermos desmoronar nem murchar, precisamos de algum propósito na vida; pois homem nenhum pode viver somente para si mesmo.
>
> *Ross Parmenter*

A maioria das pessoas descreveria você como uma pessoa calma, pois dificilmente se aborrece. A maioria, até mesmo seu cônjuge, aprecia o fato de que raramente você se irrita.

Atencioso

Você, geralmente, é pessoa atenciosa, o que significa dizer consciencioso e prestativa. Você leva em conta a necessidade das pessoas. É gentil e cuidadoso. Enquanto outros que queiram ser gentis precisam se empenhar para isso, você é assim mesmo naturalmente. Que dádiva! Como diz o ditado: "O menor ato de gentileza vale mais do que a maior das intenções". Quando em sua melhor forma, você consegue se colocar na situação de alguém mais prontamente do que outras pessoas, o que ajuda muito para que seu cônjuge se sinta amado e compreendido.

Tolerante

> "Bem-aventurados os pacificadores, pois serão chamados filhos de Deus."
> *Mateus 5.9*

Mais do que qualquer detentor de outro Estilo de Amor, você personifica um nível extraordinário de tolerância para com pequenas coisas que levam os outros casais à implicância e à discórdia. Você parece ser capaz de passar por cima dos "mosquitos" do casamento. Aguenta hábitos estranhos do cônjuge, como mastigar gelo, fazer barulho tomando sopa ou deixar meias sujas pelo chão; aguenta roncos e uma temperatura no quarto que não esteja ao seu gosto. É claro que tem limites; todo Cônjuge Dedicado os tem. Mesmo assim, você é uma pessoa bastante tolerante, mais que a maioria.

Afetuoso

Você é uma pessoa reservada e não fala tanto quanto os outros, mas aprecia estar com as pessoas e, quando está, sabe cultivar as amizades. Faz que as outras pessoas sintam sua atenção e cuidado para com elas — incluindo seu cônjuge. Você, literalmente, nutre a alma de seu cônjuge e salienta o que há de melhor nele. Provavelmente, também, supre suas necessidades físicas. Seu cônjuge, certamente, nunca ficará com fome se você estiver presente. Cuida também de ferimentos e enfermidades muito bem. Você é, enfim, uma pessoa prestadora de cuidados.

> A paz é a única batalha que vale a pena travar.
> *Albert Camus*

Você em sua pior condição

É verdade quando se diz que nossas maiores virtudes podem ter um lado obscuro. Vamos dar uma olhada nesse seu lado obscuro. Quando em sua pior forma — quando suas principais necessidades não estão sendo supridas —, você tende a demonstrar as seguintes características:

Fechado

Quanto mais constrangido você se sentir com uma situação, mais fechado em si ficará. Ou seja, quando suas necessidades mais profundas não estão sendo supridas, você fica em silêncio, não expressa opinião nenhuma. Está perfeitamente ouvindo, mas não responde. Não oferece pista nenhuma do que possa estar acontecendo em seu interior.

Nesses momentos, as pessoas veem você com uma pessoa contida, a quem nada afeta e que se mantém no controle. Torna-se indiferente e impassível, sem revelar nada do que está sentindo, o que pode ser interpretado por seu cônjuge como passividade ou falta de motivação. É nesses momentos que se parece mais com um Observador do que propriamente um participante de próprio casamento.

> A paz não pode ser mantida pela força. Somente pode ser alcançada pelo entendimento.
>
> *Albert Einstein*

Indeciso

Talvez você não veja essa característica em si mesmo, mas pode parecer indeciso quando está em sua pior condição. A explicação é a seguinte: mesmo depois de tomar uma decisão, geralmente demora para falar a respeito dela. Pode circular em torno do assunto um pouco, mas não apresenta ousadamente uma decisão articulada.

Teme que, de algum modo, a decisão afete negativamente seu casamento. É por isso que a guarda em seu interior. Sua natureza cautelosa quanto a manter a paz pode fazer você ficar ansioso no tocante à decisão. Tal atitude é que faz você parecer ambíguo e hesitante, talvez até mesmo inconstante — mesmo que não o seja.

Resistente a mudanças

Quando você não está em sua melhor forma, seu ritmo lento pode se tornar ainda mais vagaroso. A profunda necessidade de estabilidade pode tornar você uma pessoa enfadonha e parada. Fica satisfeito em ser a mesma pessoa todos os dias; mas o que chama de rotina os outros podem chamar de inércia.

Você pode demorar demais para adotar uma mudança importante em sua vida, enquanto seu cônjuge fica esperando que aconteça. Essa resistência quase sempre se origina na preocupação de como tal mudança poderá afetar seus relacionamentos — especialmente o do casamento. É por isso que, muitas vezes, você pode ser considerado cabeçudo, obstinado e teimoso em face de uma mudança. Você pensa: "Afinal, se concordamos com um plano, por que mudá-lo, a esta altura?". Você pode, por fim, adaptar-se à mudança desde que compreenda como irá afetar o plano original.

> A quietude da pessoa e a serenidade de suas feições são sinais de boa educação.
>
> *Oliver Wendell Holmes*

Distante

Em virtude de sua tendência ao retraimento e a uma conduta estoica (que é uma tática sua para ajudar a manter a paz), você tende a reduzir qualquer expressão própria de entusiasmo e empolgação. Não participa diretamente das coisas, mesmo que as esteja realmente apoiando. Como procura não demonstrar emoções, tende a diminuir também as expressões de entusiasmo de seu cônjuge. Você pode muito bem apreciar estar presente quando algo empolgante acontece, mas nem sempre isso transparece em seu rosto ou se manifesta em expressão verbal. Comparado a outros Estilos de Amor, o seu não tem muita tendência de celebrações. Para o seu cônjuge, isso pode ser particularmente desanimador, principalmente se ele tiver um Estilo de Amor Motivador.

Incapaz de dizer "não"

Como você se empenha por manter a paz nos relacionamentos, frequentemente concorda em fazer coisas quando sua agenda já está repleta. Em parte, isso se deve à sua natureza empática e ao sentimento de culpa de ter que recusar algo que faria outra pessoa feliz; por outro lado, ao receio de uma possível brecha no relacionamento. Sente-se fracassado quando não o consegue realizar, mas reluta por se recusar a fazer, pois isso poderia ameaçar a convivência. Não quer de forma nenhuma cometer uma falha, então concorda com mais um pedido que, na realidade, você poderá não ser capaz de cumprir. Essa sua luta interna dificulta realmente dizer "não".

Sua disposição natural para o amor

Calma e pacífica. Essa é sua participação no casamento. Como tudo mais na vida, você não quer que o casamento passe por momentos de tensão nem mudanças difíceis. Não aprecia arroubos emocionais nem expressões exuberantes. Por ser uma pessoa com um Estilo de Amor Observador, satisfaz-se com um relacionamento pacífico e agradável com o qual pode contar. É isso. Você preza segurança. Paixão e entusiasmo? Nem tanto. Felicidade e alegria? Com certeza, mas apenas se forem consequência da busca principal, de paciência e paz.

Em relação a outros Estilos de Amor, parece, por vezes, que você tem pouca energia, e isso pode afetar o casamento. Seu cônjuge, por exemplo, pode considerar que não está a fim de "atuar" no casamento. Na verdade, relativamente aos outros estilos, você está satisfeito com a situação atual. Contudo, o próprio fato de estar lendo estas palavras indica ser falsa a ideia de que não tenha motivação para melhorar o relacionamento.

> Algumas pessoas preferem a certeza da infelicidade à infelicidade da incerteza.
>
> *Virginia Satir*

Becky, uma Esposa Dedicada, não decisiva, ama seu marido. Seu amor por ele nunca oscilou, mas não diríamos que esbanje calorosa afeição pelo esposo. Não sonha com passeios românticos. Não parte para a ação espontaneamente, com um frenesi de atividades, para agradá-lo. Também não o surpreende com uma nova atraente *lingerie*. Expressa seu amor sendo atenciosa, tranquila e gentil. Mesmo que discorde do marido, nunca ergue a voz.

Assim é o Cônjuge Dedicado, cultiva a harmonia e mantém a estabilidade no casamento. Você expressa o amor com muita dedicação, lealdade e devoção. Sua personalidade agradável, combinada à coerência e confiança, é um grande apoio para seu cônjuge.

Você espera, na verdade, que seu cônjuge faça o mesmo por você. Quer que ele respeite sua contribuição, mesmo que não seja estrondosa nem ofuscante. Quer ser integrante da equipe. Quer que seu cônjuge ame você aumentando sua autoestima, respeitando sua rotina, evitando conflitos e pressões, solicitando sua contribuição, incluindo você na conversa mesmo que não esteja falando muito. Resumindo: você dá e recebe melhor o amor por meio da linguagem da devoção.

Como o Cônjuge Dedicado define o amor:
Amor é... termos a certeza de que estamos trabalhando juntos na mesma equipe.

Você e os cinco domínios do casamento na vida real

Todo casamento, não importa em que fase esteja, possui domínios específicos que podem se tornar motivos de discórdia entre marido e mulher. Essa situação se verifica, principalmente, em casais que não entendem como seus estilos pessoais de amor influenciam e moldam cada um desses domínios. São eles: comunicação, conflito, sexo, finanças e tempo livre.

Vejamos, agora, como você encara cada um deles.

Sua perspectiva de comunicação

Você é tipicamente uma pessoa quieta e guarda muitos de seus sentimentos cuidadosamente dos olhos dos outros. Não tem necessidade de contar histórias longas e dramáticas nem se sente compelido a chegar ao ponto principal rapidamente. Não divulga detalhes, a menos que seja solicitado. Aborda a conversa com um senso de serenidade e calma, e seu cônjuge precisa muitas vezes arrancar informações de você.

Mesmo que alguma coisa seja urgente ou empolgante, você fala com calma, sem emoções exaltadas. Sua tendência é falar devagar e calculadamente.

Sua perspectiva de conflito

Uma vez que a paz é praticamente sua prioridade no casamento, você não vivencia muitas discussões com seu cônjuge. Mantém seus conflitos encobertos, internalizando as lutas.

Raramente tem uma explosão emocional de qualquer tipo, se é que alguma vez a teve, e certamente não será propriamente uma explosão de raiva. Outros Estilos de Amor podem levar as pessoas a expor suas queixas e provocar tensão, mas não o seu. Você acredita que o conflito deve ser evitado a todo custo, o que pode significar enterrar qualquer desgosto que, com certeza, levaria à discussão; pode significar evitar determinado tópico sujeito a causar distúrbios. Seja qual for o preço, para você está bom — desde que preserve a paz.

> A melhor das conversas é aquela em que não há competição, não há vaidade, mas uma calma e tranquila troca de sentimentos.
>
> *Samuel Johnson*

Sua perspectiva de intimidade e sexo

Provavelmente, você evita, acanhadamente, o termo "sexo", sentindo-se mais confortável com os termos "amor" ou "fazer amor". Por quê? Porque não se trata de uma ação isolada e impulsiva; trata-se de uma expressão de amor e união. Os estímulos preliminares, para você, não se concentram apenas entre quatro paredes; são um aspecto progressivo do relacionamento, preparando o ambiente para uma relação apaixonada. Também não necessita de grande variação ou espontaneidade. Sua tendência a ser Observador, e não participante, pode influenciar você ao fazer amor, impedindo-o de "relaxar" plenamente se não se sente emocionalmente seguro para com seu cônjuge. Todavia, quer que seu cônjuge se satisfaça e seja feliz, e é tão dedicado a querer desfrutar uma vida sexual saudável por esse motivo tanto quanto por qualquer outro.

Sua perspectiva de finanças

Quer você seja adepto de uma boa administração financeira quer não, gosta de ter um plano financeiro e cumprir esse plano. É o plano que guia suas decisões financeiras. É provável que sua tendência seja poupar, mas nem sempre. Se for, compra quase tudo dentro de uma estratégia traçada para longo prazo e a cumpre inteiramente. Se, no entanto, for uma pessoa "gastadora", gosta de controlar e saber o que está despendendo. E, seja você ou não quem faz o balanço das contas domésticas, quer também estar informado do que está acontecendo. Quer, enfim, estar envolvido. Por quê? Porque não gosta de surpresas. Não quer que seu cônjuge mude o plano inicial, a menos que haja bons motivos para isso e ambos concordem.

> Qualquer mudança, mesmo para melhor, é sempre acompanhada de empecilhos e incômodos.
>
> *Arnold Bennett*

Sua perspectiva de tempo de folga

Seu desejo de evitar surpresas aplica-se também ao seu tempo de folga. Não surpreende que goste de planejar o que farão vocês dois no próximo fim de semana, por exemplo. Não é preciso um cronograma rígido, mas tem de haver um plano, apesar de tudo, com que possa contar. Quer isso envolva muita atividade ou muito descanso (o que, provavelmente, é a sua preferência), esse detalhe é quase secundário, se puder assegurar-se de que seu cônjuge siga o que ambos concordaram. Em outras palavras, você não gostaria que seu tempo de folga fosse perdido por algo que não foi previsto. Assim, se seu cônjuge não seguir o plano, se tentar, por exemplo, mudar ou acrescentar alguma coisa sem que você esperasse, você se sentirá um tanto atraiçoado.

Como demonstrar mais amor por seu cônjuge

Por ser uma pessoa que busca a paz a qualquer preço, há diversas ações especificas que certamente beneficiarão seu casamento. Ao ressaltarmos essas ações, expressamos nossos votos de que se torne um cônjuge melhor.

Expresse-se

Que presente para seu cônjuge! Ele anseia que você se abra e fale francamente de seus sentimentos. Claro que expor suas emoções não é fácil para você. Então, como expressar-se mais livremente? Como ser mais acessível e mais vulnerável? Comece reconhecendo o que está detendo você — o medo de ameaçar o relacionamento.

Se estiver, por exemplo, sentindo-se descontente com o emprego atual, não gostará de expressar esses sentimentos com muito vigor, com receio de que seu cônjuge se preocupe com que seu atual trabalho possa não ser estável. Então, guardará tudo para si. Ficaria atormentado só de pensar na possível confusão que essa revelação poderia acarretar. Mas já percebeu qual é a mensagem que sempre passa quando age assim? Seu cônjuge se sente como se não acreditasse que é bastante forte para lidar com os seus problemas. Sente como se você não confiasse na força do relacionamento de vocês para entrar nesse terreno. Evidentemente que você não quer passar essa mensagem, mas, geralmente, é o que parece.

> Na vida familiar, o amor é o óleo que atenua a fricção, o cimento que nos une e a música que traz a harmonia.
> *Eva Burrows*

Se quiser demonstrar mais amor por seu cônjuge, que tal ser um pouco mais vulnerável e expressar alguns sentimentos? Você pode, por exemplo, iniciar uma conversa, especialmente quando seu cônjuge não estiver preocupado (andando de carro juntos, geralmente, é um ótimo momento), dizendo algo como: "Fiquei um pouco desanimado com uma situação no meu trabalho, esta semana". Só isso. Seu cônjuge logo fará perguntas. Mas não transforme isso em um jogo de adivinhação. Revele o máximo que puder, principalmente seus sentimentos. Se isso for muito desconfortável, poderá também revelar a seu cônjuge, dizendo: "Você sabe que falar dos meus sentimentos é difícil para mim, mas sei que fazer isso é bom para nós, para o nosso casamento". Como dissemos, isso será um verdadeiro presente para seu cônjuge.

Modifique seus planos

Esse pode ser outro comprimido difícil de engolir, mas mudar seus planos certamente demonstrará amor por seu cônjuge. Por quê? Porque, geralmente, você nunca faz isso. Gosta de seguir seus planos à risca para as férias, ou a que horas vão se encontrar, onde vão jantar, quando terão outro animal de estimação, seja lá o que for. Você evita mudar os planos porque isso abala seu ânimo e tira você do sério.

Desse modo, modificar graciosamente os planos só para aceitar algo diferente que seu cônjuge propõe ou deseja é uma coisa bem carinhosa de fazer. Uma pessoa com um Estilo de Amor Motivador ou Arrojado muda de planos num piscar de olhos. Gosta da possibilidade de recompensa que uma oportunidade não planejada poderá proporcionar. Apega-se muito pouco aos planos, a fim de aproveitar sempre possibilidades novas. Há boas chances de que seu cônjuge gostaria muito se você, em algumas ocasiões, fosse mais flexível e fizesse a mesma coisa.

Se você se programou para fazer umas compras e seu cônjuge chega, dizendo: "Meu bem, Tom e Sara ligaram para saber se queremos nos encontrar no Spenser's para tomarmos aquela sopa que servem lá aos sábados. Estão de carro

> A fortaleza apoia-se na submissão que permite alguém dedicar sua vida, por meio da devoção, a alguém além de si mesmo.
>
> *Henry Miller*

novo e querem nos levar para dar uma volta", seu coração, evidentemente, se contorce de tensão. Você queria porque queria realizar o que planejou e fica pensando se não poderia ver o carro deles depois de ter feito as compras. Seu cônjuge, porém, está obviamente empolgado e motivado a ir, e acrescenta: "Eles vão ligar daqui a pouco para saber se vamos".

E aí, o que você faz? Se quiser ser um cônjuge mais amoroso, dirá: "Eu estava pensando em fazer umas compras. Mas me parece que vai ser divertido sairmos com eles. Você acha que poderíamos sair com eles e depois fazermos as compras?".

É só isso. Uma modificação simples nos planos é uma forma concreta de ser um cônjuge melhor. Nem sempre será fácil, mas *sempre* será bastante recompensador para o casamento.

Aprenda a dizer "não"

Inúmeros pedidos legítimos são feitos a você. Amigos e colegas contam com você como a pessoa a quem recorrer quando precisam de uma ajudinha. Afinal de contas, você é competente, é agradável; pessoa simpática e bem-disposta. E é fácil se entenderem com você. Por que então não fariam seus pedidos a você? — "Você ajudaria a organizar o piquenique da igreja?"; "Molharia minhas plantas enquanto estou viajando?"; "Você me empresta aquele seu livro quando terminar de ler?"; "Será que poderia aconselhar meu amigo?"; "Você poderia...?". E assim por diante. A solicitação do seu tempo e de seus talentos consome seus dias e aumenta o estresse — especialmente se disser "sim" a todos ou quase todos.

Provavelmente, seu cônjuge já pediu mais de uma vez que você reduza sua disposição de ajudar "qualquer um que pedir". E é provável que você até tenha tentado. No entanto, se isso ainda é motivo de discórdia no seu casamento, se sabe que isso aborrece seu cônjuge, procure esforçar-se mais na redução.

Poderá fazer o seguinte: comece percebendo que dizer *não* ajuda a priorizar as coisas que são mais importantes para você. Ganhará tempo, que poderá empregar em coisas de que realmente precisa ou quer fazer, tais como não sair mais tarde do trabalho e chegar em casa mais cedo. Examine todas as suas atuais tarefas e prioridades antes de assumir qualquer compromisso. Pergunte-se se esse novo compromisso é importante para você. Se for algo que quer realmente fazer, faça. Todavia, pergunte-se, também, se essa atividade será um compromisso de curto ou longo prazo. Por exemplo, gastar uma tarde inteira para assar uma fornada de biscoitos, a fim de angariar fundos para a escola, poderá despender menos de seu precioso tempo do que presidir as reuniões do comitê de arrecadação de fundos para a escola durante praticamente o ano inteiro. Veja bem: se a atividade vai acabar sendo uma fonte de estresse — principalmente em longo prazo — e o afastará da família e do seu cônjuge, você precisa recusá-la.

Como fazê-lo? Em primeiro lugar, agradecendo o convite e elogiando amavelmente o empenho da pessoa ou do grupo naquela atividade; em seguida, dizendo que precisará de algum tempo para conversar com seu cônjuge. Diga-lhes que enviará um *e-mail* respondendo. Às vezes, isso é mais fácil do que dizer *não* no mesmo momento e pessoalmente. Em seguida, fale realmente com seu cônjuge. Se decidirem que é melhor recusar, envie um *e-mail* imediatamente, dizendo: "Sinto muito, mas não vou poder aceitar desta vez". Isso é tudo; não precisa explicar.

À medida que recusar pedidos que o estejam afastando do seu casamento, seu cônjuge se sentirá mais e mais amado. Especialmente porque também o está incluindo no processo de decisão.

Entusiasme-se

Sabemos que isso não é algo natural em você, mas mesmo sua menor manifestação de entusiasmo e empolgação alegraria seu cônjuge. Quando seu cônjuge tiver recebido uma boa informação, como uma promoção no trabalho ou um gol marcado em um jogo, e vier contar a novidade, considere qual deve ser a reação que ele espera. Sem dúvida, você fica feliz com a notícia; certamente diz: "Parabéns!" ou "Que bom!". No entanto, em comparação à da maioria das pessoas, sua demonstração de entusiasmo não é lá muito empolgada; e você sabe disso.

Reed agia da mesma forma. Sendo um Cônjuge Dedicado, suas expressões de entusiasmo não eram, naturalmente, muito desenvolvidas. Achava sempre que estava demonstrando mais entusiasmo do que de fato estava. A esposa sabia disso muito bem. Se compartilhasse com ele alguma notícia que a havia alegrado, Reed diria, sem alterar a expressão, algo do tipo: "Isso é muito bom", e ponto final. Não queria saber os detalhes, tampouco comemorar. Era só isso. Não importava se a notícia fosse sobre algo grande ou pequeno. Sua expressão seria a mesma, tanto se ela tivesse completado um quebra-cabeça quanto ganhado um refrigerador em um sorteio. Em qualquer situação, ele simplesmente diria que era muito bom e continuaria seu dia. A esposa era, rotineiramente, esvaziada do próprio entusiasmo. Até que passou a esperar sempre uma reação nada entusiástica da parte de Dick e, então, resolveu sempre contar as novidades primeiro para sua irmã e depois para o marido. Essa atitude deixou Reed amolado, mas, é claro, ele não expressava esse aborrecimento. No entanto, o que mais poderia fazer sua esposa, Motivadora?

> Só estamos pedindo que deem uma chance à paz.
>
> *John Lennon*

Você não concorda? Quer que seu cônjuge sempre venha contar primeiro para você as boas notícias? É claro. Por que então não procurar demonstrar mais entusiasmo, por exemplo, com um abraço genuíno e caloroso? Por que não dizer algo do tipo: "Oba, que boa notícia! Isso é realmente excelente! Precisamos comemorar!". Sabemos que não é de sua natureza agir assim, mas estamos apenas sugerindo que tente. Se conseguir fazê-lo genuinamente, mesmo que seja apenas o suficiente para aumentar um pouco sua expressão de entusiasmo, seu cônjuge decerto apreciará profundamente. Quanto mais você praticar, mais fácil será.

Compartilhe uma atividade

O célebre filósofo grego Aristóteles disse: "A qualidade da vida é determinada pelas atividades nela". Você pode não concordar de todo com essa afirmativa, mas, se seu cônjuge tem desejado compartilhar alguma atividade com você e você tem resistido, pense seriamente a respeito disso. Talvez seu cônjuge queira dar um passeio de bicicleta, caminhar pela vizinhança, nadar ou ir a um antiquário. Não o faça implorar por isso. Surpreenda-o com seu pronto desejo de ir.

Paula, uma autêntica esposa Observadora, que não gosta de fazer coisa nenhuma no seu tempo de folga, sabia que o marido queria andar de caiaque em uma lagoa próxima, no fim de semana. Ele falou nisso quase o verão todo; Paula relutou contra a ideia simplesmente porque não era algo que desejasse fazer. Por fim, o marido foi andar de caiaque sozinho. Quando voltou, falou, falou e falou como fora ótimo: "Foi tão relaxante! Há tanta paz e liberdade lá na lagoa!", contou. Ela interpretou o comentário como uma espécie de pressão para que o acompanhasse da próxima vez e então resistiu mais ainda: "Tudo isso pode ser muito bom para você, mas não é o tipo de coisa de que eu goste", disse Paula. E o assunto morreu por aí. Ele não mencionou mais nada a respeito. No sábado seguinte, porém, quando o marido estava indo mais uma vez andar de caiaque sozinho, ela se ofereceu para ir com ele. "Parecia que eu tinha dado a ele uma barra de ouro ou algo parecido", Paula confessou depois. "Eu não imaginava que isso significaria tanto para ele. Não o fazia tão feliz assim há muito tempo."

> Se não temos paz, é porque temos esquecido que pertencemos um ao outro.
>
> *Madre Teresa de Calcutá*

Você pode fazer a mesma coisa. Não precisa muito. Se tem resistido a compartilhar alguma atividade de que seu cônjuge quer que participe, surpreenda-o e faça isso. Você multiplicará a alegria dele, e, certamente, vocês ficarão ainda mais unidos e mais próximos.

Para onde vamos agora

Bem, este é um resumo de seu Estilo de Amor pessoal como Cônjuge Observador. É claro que, provavelmente, você possui um Estilo de Amor secundário, como indicado no relatório da avaliação *on-line* de seu Estilo de A.M.O.R. Então, sinta-se à vontade para seguir para o capítulo que aborda esse estilo.

Se seu cônjuge fez também a avaliação *on-line* Estilo de A.M.O.R, sugerimos que você leia o capítulo que resume o(s) estilo(s) dele. Embora escrito(s) especificamente para o seu cônjuge, sua leitura ajudará você a obter uma compreensão mais ampla e profunda de seu esposo ou de sua esposa.

Você poderá achar interessante também ler os demais capítulos desta seção do livro. Mesmo que não se apliquem diretamente a seu Estilo de Amor, poderão ser úteis para contrastar o seu estilo com os outros.

Siga depois para a Terceira Parte do livro, onde aprenderá como o seu Estilo de Amor pode trabalhar a seu favor.

Para reflexão e discussão

1. Este capítulo o descreve como realmente você é? Defina um porcentual de semelhança e explique por quê. Seja específico. Fundamente seu porcentual com alguns exemplos típicos.

2. Refletindo sobre sua disposição própria e inata para o amor, o que, especificamente, seu cônjuge poderia fazer para demonstrar mais amor a você? Poderá ser difícil para ele fazer isso? Por quê?

ATIVIDADES DO LIVRO DE EXERCÍCIOS

para o Cônjuge Dedicado

Se estiver usando o livro interativo opcional de exercícios, vá até os exercícios destinados especificamente a aplicar este capítulo ao casamento. São exercícios curtos que, com certeza, vivificarão essas informações em seu relacionamento conjugal.

REFLEXIVO: O CÔNJUGE CUIDADOSO

Algumas emoções não fazem muito barulho. A preocupação é imperceptível — é como o bater do coração.

Anônimo

Se o seu Estilo de Amor for o Reflexivo, você é Direcionado para Projetos e tem Ritmo Lento. A combinação dessas duas disposições faz de você um Cônjuge Cuidadoso. Observe onde se enquadra, nos Estilos de Amor:

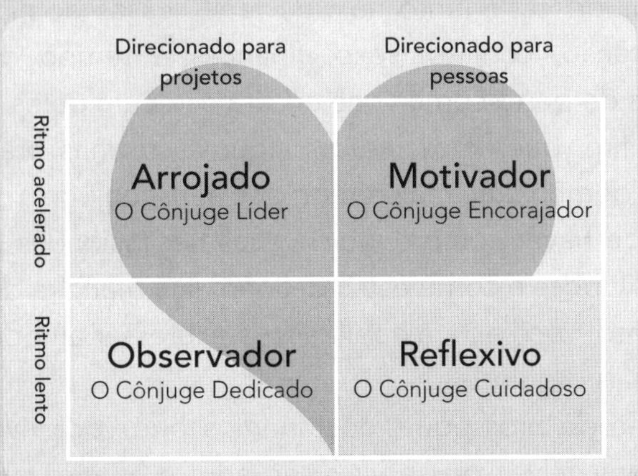

Iniciaremos este capítulo abordando suas maiores necessidades. Você precisa ter essas necessidades supridas para que funcione em sua melhor condição — principalmente no casamento. Para falarmos sobre sua melhor condição, iremos para "Você em sua melhor forma", apresentando as cinco principais características que emergem do seu interior quando tudo vai bem e funciona nos devidos lugares. Claro que não poderíamos deixar de dar uma olhada também em "Você em sua pior forma". Destacaremos aí as cinco características que mais se tornam visíveis quando suas necessidades mais profundas não estão sendo supridas.

> O empecilho mais evidente ao sucesso é ter um padrão muito alto de refinamento em mente, ou uma opinião muito elevada de julgamento do público. A pessoa determinada a não se satisfazer com nada menos do que a perfeição nunca fará nada que possa agradar a si mesma e aos outros.
>
> *William Hazlitt*

Em seguida, iremos para "Sua disposição natural para o amor". Abordaremos como se dá a combinação ímpar dos traços de sua personalidade para criar quem você é no casamento e o que busca em seu relacionamento amoroso.

Isso nos levará a ver como você age dentro dos "Cinco domínios do casamento na vida real". Esses domínios são: comunicação, conflito, sexo, finanças e tempo de folga. Veremos de perto como você encara cada um deles.

Por fim, queremos indicar algumas formas práticas de "Como demonstrar mais amor por seu cônjuge". De fato, depois de haver compreendido suas necessidades pessoais mais profundas e como estas definem sua maneira de viver o casamento, você estará habilitado a expressar amor em nível muito mais profundo.

Antes de prosseguir, gostaríamos que você tivesse em mente que talvez possa vir a ler, aqui e ali, vez por outra, algo com que não concorde. Poderá achar, por exemplo, que determinada característica não está de acordo com sua descrição de forma completa. Tudo bem. Não permita que isso interfira no conteúdo do que considera útil. Presumindo que haja realizado sua avaliação *on-line*, já sabe que a personalidade é muito complexa para se enquadrar inteiramente sob determinado rótulo. Muito provavelmente, você é uma combinação de Estilos de Amor em que um predomina sobre os demais. Assim, não espere que toda descrição feita neste capítulo venha a se encaixar perfeitamente em você.

Agora, respire fundo. Mantenha a mente aberta. Sintonize-se naquilo que mostra ser verdadeiro em sua experiência e deixe de lado o que não seja. Relaxe, enquanto descobre seu Estilo de Amor.

Suas necessidades mais profundas

Sendo uma pessoa com um Estilo de Amor Reflexivo, você não aceita nada menos que a perfeição. É um padrão muito elevado, sem dúvida, mas você é predisposto, por natureza, a chegar o mais próximo possível disso. Tome como exemplo seus processos de decisão. Antes de decidir a compra de um carro ou se dedicar a um novo passatempo, você pesquisará a respeito. Está determinado a tomar a decisão certa, a melhor possível. Não ficará satisfeito com nada menos que isso.

Você irá avaliar as opções, estimar as possibilidades. Agirá com calma, não terá pressa. Buscará informações e conselhos com entendidos e especialistas. Investigará, tomará nota. Provavelmente, sofrerá, até chegar a uma decisão — que, quanto mais importante, mais agonizante será —, pesando os prós e os contras. Uma vez que haja tomado a decisão, dificilmente mudará de ideia. Suas decisões são baseadas em fatos, não em opiniões. É neles que você se apoia.

Sua natureza avaliativa revela outra profunda necessidade sua: a qualidade. Não que você necessariamente aprecie apenas itens de qualidade (embora provavelmente, sim), mas aspira a viver e manter uma vida de qualidade. Quer que seus dias no Planeta sejam proveitosos e significativos. Quer que tenham valor. Você busca excelência — quer profissional, quer pessoal. Não é o tipo de pessoa que se contente com a mediocridade, seja em que nível for.

> Qualidade não é uma ação; é um hábito.
>
> *Aristóteles*

Você tem profunda necessidade de fazer a coisa certa e da maneira correta. Não gosta, portanto, que nada interfira no cumprimento desse objetivo. Você segue o devido processo, mesmo que leve mais tempo. Lê cuidadosamente todas as instruções, se for o caso, para ter certeza de que está fazendo tudo corretamente.

O lema do Cônjuge Cuidadoso é:
Se vale a pena fazer, vale a pena fazer do modo certo.

Você em sua melhor forma

Seu empenho em busca de qualidade, excelência e perfeição tende a manifestar várias características suas que agregam valor ao casamento. Apresentamos a seguir algumas delas.

Ordeiro

O Cônjuge Cuidadoso é tipicamente muito organizado. Cada coisa tem seu lugar apropriado. Você é estruturado e sequencial. Geralmente, é esmerado, limpo e ordeiro. Às vezes, o Cônjuge Cuidadoso pode deixar as coisas um pouco misturadas, a ponto de parecer desorganizado, mas sabe exatamente onde está e o que está nas pilhas aparentemente confusas. Você é ordeiro, mesmo na mais aparente desordem.

Meticuloso

Você é detalhista e meticuloso. Comparado aos outros, você pode ser meticuloso em relação a cada menor aspecto de um projeto ou uma responsabilidade. As pessoas sabem que podem estar seguras de que o que você faz é benfeito. Sua competência raramente é questionada, pois executa cuidadosamente seu plano em detalhes.

Programado

Sua agenda é muito organizada e eficiente. Sabe o que estará fazendo em praticamente todos os momentos do dia. Tem um sistema para certificar-se de que estará pronto a cumprir seus compromissos e não irá perder nenhum. Tem o cuidado de não se sobrecarregar, contando, às vezes, com o imprevisto, o que permite que se reorganize, mas mesmo assim planeja tudo rigorosamente. Quase sempre, é pontual. Se não for, terá um motivo compreensível, não será porque simplesmente "esqueceu".

Resoluto

Você não é apenas programado; seus compromissos têm, além disso, um propósito. Ou seja, você tem uma missão, objetiva e resoluta. Padrões elevados o motivam. Para você, simplesmente manter o *status quo* não é o suficiente para estar em ação. Não quer somente "matar o tempo". Precisa de um propósito que seja filosoficamente coerente com

> Qualidade, qualidade, qualidade: nunca faça concessões com ela, mesmo que não saiba como poderá mantê-la. Se fizer, você se tornará uma simples mercadoria e, então, morrerá.
>
> *Gary Hirshberg*

o seu chamado. Não passa o dia vagueando, mas marcha intencionalmente para um propósito específico e deliberado.

Factual

Sendo um Cônjuge Cuidadoso, você valoriza a informação exata. Gosta de conhecer os fatos, mais do que os sentimentos. Lida com precisão, correção e exatidão. Não gosta de adivinhar. Não é amigo de se basear no que ouviu dizer. Quer saber o que realmente é certo — ou, pelo menos, suas probabilidades estatísticas —, de modo que possa agir fundamentado em conhecimento sólido, confiável, comprovado. Sente-se mais à vontade com gráficos e tabelas do que com opiniões e *blogs*.

> Inteligentes ou não, todos cometemos erros; e talvez os erros inteligentes sejam os piores, pois neles é investida muita reflexão cuidadosa.
>
> *Peter Ustinov*

Você em sua pior forma

É verdade quando se diz que nossas maiores virtudes podem ter um lado obscuro. Vamos dar uma olhada no seu. Quando está em sua pior condição — quando suas principais necessidades não estão sendo supridas —, você tende a demonstrar as seguintes características:

Obsessivo

Se o seu padrão desejado não é ou não está sendo alcançado, você passa a se preocupar com o que poderia vir a melhorar a situação. Começa a pensar: "Se apenas...", "E se...". Se não atinge um objetivo ou sente que cometeu um engano, fica ruminando isso, revendo mentalmente. Fixa-se nas nuances do que aconteceu até quase se consumir. Tende a se fixar nos detalhes e perder a visão do todo por ficar obcecado com algo de menor importância que não saiu do jeito que queria.

Crítico

Quando, aos seus olhos, alguma coisa está abaixo do padrão — seja um restaurante, seja um filme, seja uma conversa —, você se torna negativo, desaprovador e crítico. Pode também revelar seu lado crítico quando alguém, mesmo seu cônjuge, opõe-se a suas ideias e decisões. Nem sempre verbaliza seu descontentamento quando isso acontece, mas as pessoas a seu redor percebem, sabem quando não aprova.

Mal-humorado

Quase todas as pessoas tendem a ser um pouco mal-humoradas de vez em quando, mas isso acontece com maior frequência com você. Quando suas necessidades mais profundas não estão sendo supridas, você pode, até mesmo, usar de irritabilidade e temperamento irado para manipular seu cônjuge e outras pessoas. Se quiser que alguém mude de comportamento ou opinião, seu mau humor pode se tornar quase uma tática inconsciente para conseguir o que deseja. Para dizer o mínimo, você se torna temperamental quando as coisas não são como quer. Nesses momentos, chega a assustar.

Desconfiado

Quanto menos sua necessidade de perfeição for acatada e reconhecida, mais cético e pessimista você se tornará. Ou seja, se estiver sentindo perda do controle, mais desconfiará das ideias, dos programas e das pessoas, entre as quais até

> Ruth e eu não temos um casamento perfeito, mas nosso casamento é ótimo. Como posso dizer coisas que parecem tão contraditórias? Em um casamento perfeito, tudo é sempre o melhor imaginável; como em uma estátua grega, as proporções são exatas, e o acabamento, imaculado. Que ser humano é assim? Esperar a perfeição um do outro é irreal.
>
> *Billy Graham*

seu cônjuge. Seu cônjuge poderá ter muita dificuldade para o convencer de algo (quanto alguma coisa custou, quanto tempo levou etc.) quando você estiver nessa situação. Por quê? Porque você se sentirá cético e duvidoso sobre a informação ou sobre o próprio informante.

Rigoroso

Você pode vir a ser mais inflexível do que a maioria das pessoas, ao se empenhar tanto pela qualidade. Pode não arredar pé daquilo que espera. Pode ser especialmente uma pessoa estrita e severa, por exemplo, quanto ao que seja inteiramente inaceitável para você — por exemplo, ovos quentes por demais cozidos ou o mau comportamento de um filho. Nesses momentos, você pode chegar ao seu limite de legalista e crítico. Não se rende de modo nenhum ao que seja tolerável ou suficientemente bom.

Sua disposição natural para o amor

> A perfeição é alcançada não quando não há mais nada a acrescentar, mas, sim, quando não há mais nada para retirar.
>
> *Antoine de Saint-Exupéry*

Seus ideais para o casamento são elevados. Quer ter o melhor casamento possível e, se não tiver grande decepção com algum aspecto do relacionamento, estará motivado, de modo geral, para trabalhar a fim de alcançar esse objetivo. Com certeza, não deseja um casamento medíocre nem quer um casamento "típico". Quer que seu relacionamento conjugal se distinga de outros e tem algumas ideias bem claras de como chegar a isso — seu cônjuge concorde ou não.

Você analisa mais o casamento que a maioria das pessoas. Avalia e questiona como cada um dos dois cônjuges deve participar do relacionamento. Examina e aprecia cuidadosamente a condição matrimonial. Para você, o casamento não é apenas algo que se sinta; é algo que se aprimora.

Por se importar tão profundamente com o casamento, poderá se magoar facilmente com seu cônjuge. Apenas um sinal de desaprovação ou uma palavra de censura pode ser o suficiente para que sinta menosprezo ou mágoa. Seu cônjuge, porém, sem dúvida, logo se adapta a essa sensibilidade e, provavelmente, é cuidadoso em não criticar você.

Quando as coisas estão indo bem e você se sente bem porque seus padrões estão sendo mantidos, é um cônjuge consciencioso, que gosta de saber o que seu par quer de você — e quanto mais detalhado, melhor. Você é capaz de se empenhar para cumprir essas expectativas e esses desejos. Na verdade, tem prazer em saber precisamente o que pode fazer para que seu cônjuge se sinta mais valorizado e amado.

Também quando reconhece um problema no relacionamento, concentra-se em soluções positivas. Em outras palavras, não reclama de algo se puder fazer qualquer coisa para melhorar, mesmo que leve algum tempo. Quando resolve um problema, quer que seu cônjuge reconheça isso e aprecie seus esforços. Por outro lado, pode se sentir no fundo do poço se achar que seu cônjuge não está com tanto empenho em fazer o mesmo por você, em troca.

Sendo um Cônjuge Cuidadoso, você demonstra amor sendo prático, diligente, pontual, confiável, consciente e responsável. Você despende atenção cuidadosa ao casamento, mais do que a maioria das pessoas, assegurando-se de que seja o melhor possível.

Como o Cônjuge Cuidadoso define o amor:
Amor é... ter tempo para organizar os pensamentos e sentir-se bem com a decisão tomada.

Você e os cinco domínios do casamento na vida real

Todo casamento, não importa a fase em que se encontre, possui domínios específicos, que podem se tornar motivos de discórdia entre marido e mulher. Essa situação se verifica, principalmente, em casais que não entendem como seus estilos pessoais de amor influenciam e moldam cada um desses domínios. São eles: comunicação, conflito, sexo, finanças e tempo livre.

Vejamos, agora, como você encara cada um deles.

Sua perspectiva de comunicação

Você gosta de conversas sensatas, principalmente profundas, sérias, intelectuais. Gosta de concentrar-se nos fatos, mas também de explorar o "sentido oculto" por trás das palavras. Com frequência, faz perguntas específicas ao seu cônjuge, tentando chegar a um nível mais profundo. Às vezes, faz a mesma pergunta repetidamente até que encontre os motivos, as reações e a tranquilidade.

Em quase todas as conversas com seu cônjuge, precisa de informação e tempo para refletir cuidadosamente sobre o que esteja em discussão.

Sua perspectiva de conflitos

Muitas de suas brigas resultam de sentir-se criticado ou porque descobriu alguma coisa nas motivações de seu cônjuge. Uma vez iniciado o desentendimento, tende a ser muito severo e excessivamente detalhista quando discute. Ou seja, cita algo que o cônjuge disse, mesmo há dias ou semanas atrás, ou situações específicas, para

> Seja tão cuidadoso quanto um homem nu escalando uma cerca de arame farpado.
>
> *Provérbio caubói*

fundamentar sua opinião. Pode até mesmo, em vez de verbalizar o conflito, ser capaz de escrever um longo bilhete, apresentando uma explicação lógica e detalhada de sua queixa. Pode também fazer perguntas, como uma tática de advogado, tentando "encurralar" seu cônjuge, só para provar que você está certo, e seu cônjuge, errado. Não gosta muito de brigar, mas geralmente mantém sua razão, a menos que se retraia de modo taciturno e mal-humorado.

Sua perspectiva de intimidade e sexo

Você tende a lidar com a sexualidade no casamento com um sentido de programação. Ou seja, seus desejos sexuais são relativamente previsíveis e seu cônjuge, geralmente, sabe o que esperar. Também tem a tendência de "ter relações sexuais" e não "fazer amor". É um item na lista, algo premeditado, que não deixa simplesmente acontecer. Contudo, gosta de relaxar para que tudo corra "bem". Busca saber exatamente o que seu cônjuge gostaria nos momentos de paixão que compartilham. Além disso, estima ser apreciado por seu desempenho.

Sua perspectiva de finanças

Mais do que qualquer outro estilo, você é altamente organizado em questões financeiras. Sabe quanto dinheiro tem, até o último centavo. Provavelmente, seu dinheiro merece a mesma supervisão, seja na carteira, seja nos investimentos. Tem aversão a riscos em questões financeiras, teme tomar uma decisão errada. Não apenas quer evitar um erro, mas ter a certeza também de que não será considerado incompetente. Se tiver condições, provavelmente terá um contador ou um administrador de seus investimentos, mas continuará verificando o que estão fazendo com seu dinheiro. Se não tiver ajuda externa, fará pesquisas por si mesmo junto a peritos profissionais.

Sua perspectiva de tempo de folga

Você é uma pessoa estudiosa e, geralmente, prefere, nas horas de folga, ler, estudar ou criar a interagir com outras pessoas — às vezes, até mesmo, com seu cônjuge. É provável que seus passatempos sejam especiais, exijam planejamento e habilidade. Quando vocês dois passam um tempo livre juntos, você prefere que esse tempo tenha propósito.

Todavia, você está sempre querendo realizar algo benfeito. Por exemplo, se gosta de tirar fotografias, não quer apenas fotografar para registrar um momento; quer tirar fotos "perfeitas", que possa exibir orgulhosamente. Objetiva sempre riscar da lista mais uma finalidade, uma realização alcançada. Em outras palavras, quer que seu tempo de folga, o de vocês, possa ser útil e prático.

> Tenha cuidado com aquilo em que aplica o seu coração — porque, com certeza, se realizará.
>
> *James Arthur Baldwin*

Como demonstrar mais amor por seu cônjuge

Por ser você uma pessoa que preza ser especialmente cuidadosa — uma pessoa que se concentra em agir com calma, para fazer as coisas direito —, há diversas ações específicas que certamente beneficiarão seu casamento. Ao ressaltarmos essas ações, esperamos que se torne um esposo ou esposa melhor.

Alivie "a barra"

Encare os fatos: você costuma levar tudo muito a sério. Buscar a perfeição torna a pessoa grave demais. Sua tendência a ser analista, ordeiro, preciso, organizado, detalhista, perspicaz, controlado e determinado — uau! — pode ter um efeito negativo sobre seu cônjuge.

Pense no que um pouco de riso pode fazer pelo seu casamento. Diz Provérbios: "O coração alegre é bom remédio" (*ARA*). Seu casamento poderia ser beneficiado com uma dose de humor, não acha? Como disse o poeta E. E. Cummings: "O mais desperdiçado de todos os dias é o dia sem riso". Por que desperdiçar mais um dia de seu casamento sem gerar um sorriso sincero no rosto de seu cônjuge?

A boa notícia é que isso é mais fácil do que imagina. Tudo que precisa para fazer seu cônjuge sorrir é apenas uma pequena coisa incomum, fora de sua aparência controlada e detalhista. Por exemplo: experimente algo diferente no café da manhã. Com certeza, receberá um sorriso. Ou coloque algo diferente na geladeira para que seu cônjuge encontre. Você não precisa ser mágico; simplesmente, precisa fazer algo que seu cônjuge não está esperando. Poucas coisas são mais encantadoras do que o senso de humor. Jay Leno diz: "Você não consegue ficar aborrecido com alguém que o faça sorrir". O grande Bill Cosby diz: "Se você conseguir encontrar humor em alguma coisa, sobreviverá a isso". Essa frase é especialmente apropriada para você, que leva a vida muito a sério. Um pouco mais de riso no casamento não apenas beneficiará e fará seu cônjuge se sentir mais amado, como também ajudará bastante a você.

Relaxe as normas

Talvez você não veja desse modo, mas é bem possível que seu cônjuge, de vez em quando, sinta que você parece manter um manual secreto de normas rígidas do seu casamento. É provável até que tenha certo receio de quebrar alguma dessas normas, como você as criou. Por que isso? Por causa de seus elevados padrões. Suas expectativas, grandiosas, como que criaram regras e regulamentos para o seu relacionamento. Seu cônjuge teme que, se uma regra for quebrada, provavelmente haverá um preço a pagar. Poderá ser uma crítica mordaz, ou seu tremendo mau humor. Seu cônjuge procura então evitar essa situação a qualquer preço.

O que aconteceria ao seu casamento, ou que impacto teria no ânimo de seu cônjuge, se você relaxasse algumas dessas regras? Sejamos mais específicos. Qual a norma que parece causar mais problemas em sua casa? Talvez seja deixar um casaco nas costas da cadeira; talvez seja bagunçar as almofadas do sofá; talvez seja falar demais ao telefone. Só você e seu cônjuge sabem o que realmente seja.

Consegue pensar em alguma? É esse o nosso desafio. Tente relaxar somente essa regra importante durante um mês. Ou seja, não fale nada sobre o assunto da próxima vez que seu cônjuge fizer a mesma coisa, desobedecendo à norma. Mas também não fique em silêncio e mal-humorado. É claro que vai ser difícil. Você teme talvez que, se não reforçar a regra, seu cônjuge comece a quebrar todas as outras. Não é bem assim. Em vez disso, certamente, seu cônjuge reconhecerá seu amor — porque já sabe que isso o irrita.

Sem pressão. Apenas algo para refletir, uma forma prática de demonstrar mais amor por seu cônjuge.

Perdoe os detalhes incorretos

Uma de suas tendências é corrigir os detalhes, nas conversas com seu cônjuge; ou melhor, corrigir os detalhes cada vez que ouve seu cônjuge falando com alguém. Analise a cena a seguir: Seu cônjuge está tomando café e conversando com alguns amigos. Diz:

— Quinta-feira passada, eu vinha pela Avenida Westlake e vi Jerry saindo do escritório. Buzinei, mas acho que ele não...

Meu bem — você atalha. O escritório de Jerry é na Rua Denny, não na Avenida Westlake.

— Que seja... Quinta-feira, como eu dizia, eu passava pelo centro da cidade e vi Jerry saindo do escritório — continua seu cônjuge. — Ele estava carregando um vaso grande, com uma planta, e eu...

— Espere um pouco — você interrompe de novo. — Quinta-feira passada, você não foi à casa de sua mãe? Então, só pode ter sido na sexta-feira...

Você consegue se encaixar nessa cena? Percebe quantas vezes interrompe para se certificar de que os fatos mencionados por seu cônjuge estão corretos? Você pode nem perceber que faz isso. Contudo, o Cônjuge Cuidadoso, geralmente, não consegue deixar de corrigir informações incorretas. Essa atitude, infelizmente, parece desatenciosa e até mesmo rude para praticamente todas as outras pessoas, principalmente se você estiver corrigindo seu cônjuge.

É muito simples, no entanto, refrear essa tendência. Basta aumentar seu nível de consciência. Uma dica que pode ajudar a muitos, principalmente em lugares públicos, é combinar um sinal discreto, que seu cônjuge deverá usar para avisar a você que está agindo assim. Seu cônjuge pode, por exemplo, mexer na própria orelha. Diga a seu cônjuge que quer melhorar seu comportamento, e escolham um bom sinal juntos.

Só expressar o desejo de mudar esse hábito importuno já será um gesto de amor que seu cônjuge apreciará.

> Há alguns empreendimentos em que o verdadeiro método é um pouco de desordem cuidadosa.
>
> *Herman Melville*

Permita interrupções

Embora, geralmente, você se sinta à vontade para interromper e fazer uma correção ou comentário aos outros, é bem provável que deteste que o interrompam — especialmente se estiver trabalhando em um projeto, ou telefonando, ou apenas lendo o jornal. Você gosta de concluir o que faz. Gosta das coisas organizadas e arrumadas. Sua vida tem uma sequência determinada: é preciso encerrar uma coisa antes de passar para outra. Você não gosta, portanto, que uma interrupção, seja ela qual for, interfira na progressão já traçada para seus planos e pensamentos.

É claro que a vida não é bem assim. Você pode fazer o possível para minimizar interrupções, mas elas são inevitáveis. Seu cônjuge e seus filhos precisam de sua atenção — e quer você considere justificável quer não, devem ter o direito de o interromper quando necessário sem sofrer consequências de sua parte.

Portanto, se, refletindo, você concluir que pode ter usado de muito rigor para com seu cônjuge por interromper você, talvez possa expressar o desejo de amenizar esse comportamento. Talvez possa lhe dizer algo do tipo:

> A verdadeira perfeição de um homem é descobrir a própria imperfeição.
>
> *Santo Agostinho*

— Meu bem, eu sei que chego a ser muito grosseiro quando estou escrevendo um *e-mail* e você me interrompe; mas quero que saiba que não gosto de ser esse tipo de pessoa. Não sei se vou conseguir mudar, mas saiba que você é mais importante para mim do que um trabalho qualquer. Quero que se sinta à vontade para me interromper, se precisar de mim para alguma coisa.

Uma simples afirmação como essa falará alto ao seu cônjuge. Você, provavelmente, nem sabe como seu cônjuge apreciará ouvir palavras como essas vindas de você. Você precisa saber, ainda, algo melhor: é possível que, com elas, seu cônjuge fique mais consciente de sua necessidade de não ser interrompido do que se ressinta com suas palavras. Na verdade, ambos ganharão muito com essa sua estratégia amorosa.

Acabe com a crítica

Possivelmente, uma das coisas mais difíceis que pode fazer para tornar seu casamento mais amoroso é restringir as críticas. Essa tendência, que se manifesta quando suas necessidades mais profundas não estão sendo supridas, está tão arraigada em você que será preciso uma disciplina rígida para amainá-la. Geralmente, essa tendência vai decaindo com o passar do tempo. Contudo, em qualquer etapa da vida, vale a pena o esforço para acabar com seus comentários críticos para com seu cônjuge.

A maior parte do tempo, certamente, você nem se dá conta da frequência e intensidade com que profere tais comentários críticos. Se, porém, se for como a maioria de Cônjuges Cuidadosos, você o faz inumeráveis vezes, dizendo coisas ferinas como: "Você guardou os garfos no lugar errado"; "Pode por favor deixar de usar minha caneta?"; "Você não sabe pendurar uma camisa em um cabide, não?". Ou então: "Como é que você consegue fazer essa bagunça?"; "Você não está na pista da esquerda?"; "Comprou o molho errado!". Ou até: "Pode chegar um pouco pra lá e me dar espaço para respirar?".

Se você chegar à conclusão de que é mais crítico do que gostaria, tente seguir estes passos. Primeiro, peça desculpa a seu cônjuge. Diga algo como: "Sei que sou mais crítico do que outras pessoas e quero que saiba que percebo não ser fácil conviver com alguém assim. Sinto muito". Em segundo lugar, pergunte a seu cônjuge em que momentos acha que você tem sido mais difícil. Você pode ser capaz de ajudar a definir momentos específicos (antes do jantar, quando está com fome, por exemplo) ou situações específicas (quando precisa fazer o relatório mensal do seu trabalho). Em seguida, peça-lhe sugestões de como poderia minimizar isso. Não faça disso uma responsabilidade de seu cônjuge; só peça opinião.

Poderá verificar que o que pensava ser ruim não é tanto assim para seu cônjuge e o que não pensava ser de fato é. Seu cônjuge poderá orientar você sobre como amenizar um pouco esse seu mau hábito.

> Esforce-se por ser sempre paciente com as faltas e imperfeições dos outros, pois você mesmo tem muitas falhas e imperfeições.
>
> *Thomas à Kempis*

Por fim, peça a seu cônjuge que diga em que área especialmente seus comentários críticos mais magoam. Não tente acabar com toda crítica de uma vez; é difícil demais. Comece concentrando-se na área que seu cônjuge sugerir.

Para onde vamos agora

Bem, esse é um resumo de seu Estilo de Amor pessoal como Cônjuge Cuidadoso. É claro que, provavelmente, você possui um Estilo de Amor secundário, como indicado no relatório de avaliação *on-line* de seu Estilo de A.M.O.R. Então, sinta-se à vontade para seguir para o capítulo que descreve esse seu estilo.

Se seu cônjuge completou a avaliação *on-line* do Estilo de A.M.O.R, sugerimos que leia também o capítulo que resume seu(s) estilo(s). Embora tenha sido escrito especificamente para seu cônjuge, sua leitura irá ajudar você a obter uma compreensão mais profunda de seu cônjuge.

Você poderá achar interessante também ler os outros capítulos desta seção do livro. Mesmo que não se apliquem diretamente ao seu Estilo de Amor, podem vir a ser úteis para contrastar seu estilo com os outros.

Siga depois para a Terceira Parte do livro, onde aprenderá como seu Estilo de Amor pode trabalhar a seu favor.

Para reflexão e discussão

1. Este capítulo o descreve como você é? Defina um porcentual de semelhança e explique por quê. Seja específico. Fundamente o porcentual com alguns exemplos típicos.

2. Ao refletir sobre sua disposição própria e inata para o amor, o que, especificamente, seu cônjuge poderia fazer para demonstrar mais amor a você? Poderá ser difícil para ele fazer isso? Por quê?

3. Quando se trata, porém, de como você pode melhor demonstrar amor por seu cônjuge, que item neste capítulo poderia pôr em prática imediatamente e como? E que item seria mais desafiador para você e por quê?

ATIVIDADES DO LIVRO DE EXERCÍCIOS

para o Cônjuge Cuidadoso

Se estiver usando o livro interativo opcional de exercícios, vá até os exercícios destinados especificamente a aplicar este capítulo ao casamento. São vários exercícios curtos que, com certeza, vivificarão essas informações em seu casamento.

TERCEIRA PARTE

COMO SEU ESTILO DE AMOR PODE TRABALHAR A SEU FAVOR

AGORA É HORA de mudar de direção. Estudamos até aqui o seu Estilo de Amor, mas e o estilo de seu cônjuge? Nesta seção, abordaremos como você pode se relacionar melhor com seu cônjuge, compreendendo o Estilo de Amor dele. Dedicamos um capítulo a cada um dos quatro estilos. Sinta-se à vontade, portanto, para seguir direto para o capítulo que diz respeito ao seu cônjuge. Ali, encontrará uma explicação clara do que pode esperar de seu par, qual o seu maior temor e como amar seu cônjuge de forma especialmente significativa para sua personalidade. Além disso, abordaremos o que você pode fazer para manter sua saúde emocional em relação ao Estilo de Amor de seu cônjuge.

Depois de ter lido esse capítulo, sugerimos que leia com atenção o capítulo que ele ou ela irá ler a seu respeito, sendo você, no caso, o cônjuge. Façam isso juntos e enfatize os pontos que podem ajudar de forma especial seu cônjuge a compreender como amar melhor.

SE O SEU CÔNJUGE FOR ARROJADO

Siga sua felicidade.

Joseph Campbell

CONHECE A ANTIGA brincadeira de crianças "Siga o líder"? Primeiro, escolhe-se um líder ou "o primeiro da fila". Em seguida, todas as crianças fazem uma fila atrás dele. O líder se move, e todas as crianças têm de imitar seus movimentos. A criança que se confundir ou não fizer o que o líder faz, sai do jogo.

É provável que você seja muito bom nessa brincadeira, mesmo que nunca tenha participado de uma. Pois, na verdade, para você, essa brincadeira passou a ser o próprio modo de viver a vida de casados. Por quê? Porque se casou com uma personalidade forte: o cônjuge do tipo Arrojado — um líder, e os líderes têm sempre seguidores. Você se casou com o mais controlador, dominante e autoritário dos cônjuges, dos quatro Estilos de Amor.

Rick, casado há nove anos, tem a "sutileza" de um trem de carga. É barulhento e fanfarrão, em casa ou no escritório. Sua falta de tato e suas tentativas um tanto desajeitadas de comunicação frequentemente o afastam de alguns de seus colegas de trabalho e até, por vezes, da esposa. Ele deixa escapar comentários críticos, sem nunca perceber o dano que causa aos sentimentos dos outros: "O que há de errado com o seu cabelo?"; "Você está desviando a conversa de novo; volte ao ponto principal"; "Puxa, você hoje não está fazendo nada certo, não é mesmo?".

Se seu cônjuge é desse tipo, provavelmente você já ouviu, mais do que o necessário, frases como essas. Não precisamos dizer que seu cônjuge é uma pessoa que assume inteiramente a liderança que detém.

Contudo, você talvez possa encontrar aqui algumas estratégias comprovadas e eficazes para tornar o melhor possível seu relacionamento com um cônjuge tão cheio de iniciativa. Queremos revelar exatamente o que pode esperar de seu cônjuge, o que este mais teme e o que você precisa fazer — em termos específicos — para que seu amor por ele ou ela seja bem-sucedido. Por fim, iremos mostrar como se manter saudável e forte sendo casado com um Arrojado: o Cônjuge Líder.

O que esperar de um Arrojado: o Cônjuge Líder

Se fossem concedidas medalhas de honra no casamento, provavelmente você faria jus a uma delas, por sofrimento contínuo. Por quê? Por ser cônjuge de uma pessoa que muitas vezes é desatenta, irritável e impaciente. Isso exige que você suporte incontáveis situações em que se sente inadequado. A impaciência e a irritabilidade de seu par passam a mensagem de que você não corresponde — de que não tem suficiente rapidez, nem suficiente esperteza nem é prestativo o bastante. A mensagem pode não ser necessariamente intencional, mas para você deve ser torturante, porque se destina a você.

Em consequência, você se vê, muitas vezes, sentindo-se como cônjuge "de segunda classe". Quando seu cônjuge se encontra na pior condição, pode contar que você irá se sentir menosprezado e sem importância. Além disso, poderá sentir que, na verdade, está dificultando a vida de seu cônjuge;

e ninguém gosta de se sentir assim. Nenhum cônjuge bem-intencionado merece sentir-se desse modo.

Por outro lado, quando seu cônjuge está em sua melhor condição, pode esperar vir a se sentir energizado, entusiasmado e animado. Nesses momentos, será como o vento nas asas de seu cônjuge. Não há erro. Assim como o Cônjuge Líder não se constrange em observar suas falhas, também se orgulha e fala abertamente de suas qualidades e contribuições — principalmente quando tornam sua vida melhor. Nesses momentos, seu cônjuge louvará você em voz alta.

Quando as necessidades de seu cônjuge não estão sendo supridas, você já sabe que será muito comandado. A irritabilidade de seu par poderá se centralizar, por exemplo, em qualquer suposta falta de esforço de sua parte, e, rapidamente, você ganhará o rótulo de preguiçoso ou inepto. Seu cônjuge manifestará uma atitude realmente diretiva. Deverá supervisionar você com ar de superioridade. Na ausência de satisfação de suas exigências, pode esperar dele, no mínimo, comentários depreciativos, como, por exemplo: "Você já limpou isso? Se limpou, precisa limpar de novo, porque esqueceu a maior parte da sujeira".

Por outro lado, quando as necessidades de seu cônjuge estão sendo supridas, é capaz de ser para você como a Estrela do Norte, proporcionando-lhe um senso de direção e bem-estar. É claro que o Cônjuge Líder inspira uma vida atarefada, que parece transbordar de atividades e distrações sem fim, mas você nunca ficará entediado e terá a sensação de que a ocupação o está conduzindo em uma direção importante e positiva.

O que seu cônjuge mais quer de você

- Entendimento e respeito
- Fatos, mais do que sentimentos

- Apoio aos seus planos
- Tudo aquilo que poupe tempo
- Comunicação direta (chegar logo ao ponto)
- Lógica e objetividade
- Competição (em jogos)

O que seu Cônjuge Líder mais teme

Imagine como seria a vida se tudo o que você desejasse, cada objetivo que almejasse, fosse ditado pelos ventos do destino ou pelos caprichos de outra pessoa. A perspectiva de tal impotência para você seria terrível. No entanto, seu cônjuge, em nível mais profundo, convive com esse medo o tempo todo. É isso que impulsiona a sua compulsão por controlar tudo.

Sandra adora comandar seu casamento. É casada com um homem relativamente tranquilo, que se sente à vontade em ficar nos bastidores. Ela, então, ao que parece, passa à frente no comando. Quando saem para comer, por exemplo, Sandra não apenas escolhe o restaurante, mas, muitas vezes, escolhe uma mesa diferente daquela que o garçom oferece. Chega, até mesmo, a indicar que prato o marido deveria escolher. Por que Sandra assume o controle em algo tão simples e rotineiro? A resposta se encontra em nível mais subconsciente do que consciente. No fundo do seu ser, ela teme perder o controle.

É exatamente isso que seu Cônjuge Líder teme. Tem medo de encontrar resistência e oposição em você, dificultando assim alcançar seus objetivos. Não apenas isso, mas o Cônjuge Arrojado teme também perder sua aprovação por ele tomar a dianteira. O Arrojado, muitas vezes, preocupa-se em que você não valorize sua participação no casamento. Se esse temor se firmar no relacionamento, pode estar certo de que você tem um cônjuge que volta e meia se sente um tanto magoado. Sente-se profundamente magoado, sim, se você resiste à influência dele e não demonstra abertamente sua apreciação.

Como amar um Cônjuge Líder

Todos querem ter um casamento feliz, e o casamento feliz é o resultado de duas pessoas que dão o máximo de si — com ambos os cônjuges operando em suas melhores condições, com toda a força de sua personalidade inata. Tendo isso em mente, vejamos algumas atitudes específicas que garantirão que seu cônjuge possa funcionar com base nos aspectos positivos de sua personalidade dada por Deus. Essas atitudes também ajudarão você a honrar o Estilo de Amor de seu cônjuge.

Ou adere ou sai da frente

Ser casado com um Cônjuge Líder é como andar de bicicleta: se não pedalar, você cai. Seu cônjuge está em movimento. Se você não seguir na mesma direção, seu par irá, figuradamente, passar por cima de você. Significa que uma das melhores formas de amar seu Cônjuge Líder é aderir aos seus planos. Isso não quer dizer que precise participar de cada detalhe, mas, simplesmente, compartilhar entusiasmo pelo plano geral.

> Aquele que obedece contra a vontade cala a própria opinião.
>
> *Samuel Butler*

Você poder agir mediante frases como: "Não sei onde você consegue tanta energia, mas sou inteiramente a seu favor"; "Gosto muito que você queira fazer isso e estou junto com você em cada passo do caminho". É só isso que você precisa fazer, para que seu cônjuge saiba que o está apoiando. Ele ou ela amará você por isso.

Veja além das aparências

Amar seu cônjuge de forma bem-sucedida depende, em grande parte, de descobrir o que o Cônjuge Líder realmente quer de você em determinado momento. Pode fazer isso perguntando a si mesmo: "Meu cônjuge estará tentando se sentir reconhecido, apreciado, importante, poderoso e mostrar que está agindo certo?". Em outras palavras: "*O que meu cônjuge estará sentindo, além das aparências?*".

Para amar seu cônjuge de modo eficaz, precisa descobrir como ceder às carências do Cônjuge Líder sem comprometer as próprias necessidades. Se seu cônjuge está ansioso por receber uma ligação telefônica, por exemplo, poderá repreender você por colocar os pés na mesa de centro. "Por que você faz isso?", poderá perguntar. "Eu já disse quanto isso me incomoda." Em vez de retrucar que isso é algo irracional e insignificante, coloque-se em seu lugar e pergunte-se de que realmente estará precisando. Então, sua resposta poderá ser: "Desculpe-me, não fiz por mal. Não fique assim tão nervoso, você já irá receber essa ligação que tanto está esperando".

Uma simples afirmação sobre o que realmente pode estar acontecendo, além das aparências, pode ser um carinho para a alma do seu cônjuge preocupado. Além disso, ajudará você a resistir à tempestade sem ser inundado.

Ceda quando puder

Eis a questão: já que você está casado com uma pessoa de personalidade forte, haverá situações em seu relacionamento em que irá bater de frente com uma força poderosa, que não quer recuar. Nosso conselho é que escolha com sabedoria as batalhas a enfrentar. Não estamos falando que deva ser um capacho e não ter opinião. Não. Você não tem de ser fraco. Haverá ocasiões em que precisará permanecer firme e não retroceder; mas certifique-se de que seja por motivo de um fato importante, e não apenas como um meio de ganhar mais território em uma disputa pelo poder.

> Melhor entortar do que quebrar.
> *Provérbio escocês*

Isso poderá ser difícil de aceitar, principalmente se você for Reflexivo. Mas tudo o que queremos dizer com essa sugestão é que tente tornar o casamento o mais fácil possível, consentindo com o Estilo de Amor Líder de seu cônjuge quando não significar tanto para você.

Por exemplo, seu cônjuge pode estar decidido a comer em um restaurante que não é um de seus favoritos. Embora não seja realmente a melhor escolha, se seu cônjuge insistir e você puder aceitar, desista da luta. Abra mão dessa vez. Não se lamente nem reclame. Guarde sua energia para questões que tenham mais significado para você.

Dwight Eisenhower, ele mesmo uma personalidade forte, disse: "Influencie discretamente e conseguirá o que quiser; obrigue e não irá a lugar nenhum". A verdade é que de fato você não chegará a lugar nenhum discordando sempre do seu cônjuge. Assim, no momento adequado, exerça a força de sua opinião e vontade defendendo sua perspectiva com mansidão e lógica em vez de desafiar a perspectiva de seu cônjuge.

Facilite a vida de seu cônjuge

Quer um modo infalível de fazer que seu Cônjuge Líder se sinta mais amado? Aqui está. Faça-lhe esta pergunta simples com sinceridade: "O que posso fazer para ajudar você hoje?". Não pergunte, porém, se não estiver disposto a cumprir. Se você fizer o que for pedido, seu cônjuge, verdadeiramente, se aproximará mais de você. O Estilo de Amor Arrojado está muito relacionado à produtividade. Ao facilitar seu dia, ao ajudar a carregar o fardo ou superar alguns obstáculos, mesmo que pequenos, estará suprindo uma grande necessidade de seu cônjuge, e, com certeza, seu gesto será muito apreciado.

Como dissemos, esteja pronto para ir até o fim, porque, se apenas perguntar e depois vier a reclamar, dizendo que não consegue fazer, tornará as coisas ainda piores. Terá dado uma mensagem de ressentimento e incapacidade. Alegre-se em saber que os pedidos que seu cônjuge fará não serão, em geral, muito grandes. Seu cônjuge poderá dizer: "Para ser honesto, você ajudaria muito se pudesse não me interromper durante uma hora depois do jantar para eu terminar esse relatório". Ou, então: "Eu adoraria se você pudesse buscar as crianças hoje, embora seja minha vez".

O objetivo é aliviar um pouquinho a carga, dividir o fardo e aplainar o caminho. Se fizer isso com certa regularidade, logo verá que se tornou indispensável e profundamente apreciado.

Confirme as reclamações

Uma das maiores tentações quando seu cônjuge tem um estilo Arrojado é desligar os ouvidos para ele. As crianças costumam ser mestras nessa estratégia. Nós, psicólogos, chamamos de "surdez para a mamãe", uma espécie de incapacidade repentina e temporária de ouvir qualquer pedido que a mãe faça. Na verdade, as crianças são capazes de ouvir o som da buzina da carrocinha de picolé a uma quadra de distância, mas não conseguem ouvir o que diz a mãe, bem na frente delas.

Você pode ficar tentado a fazer a mesma coisa com seu cônjuge, mas se desligar os ouvidos para seu Cônjuge Líder perderá algo importante. Por quê? Porque, às vezes, seus comentários críticos podem ajudar você! Ao referir-se àqueles que o criticavam, o missionário e teólogo E. Stanley Jones disse: "Eles são os vigias voluntários de minha alma".[1] A melhor

---

[1] Jones, E. Stanley. **The Way**. New York: Doubleday, 1978.

forma de manter os ouvidos abertos é repetir a reclamação de seu cônjuge para que ele a confirme. Depois de ouvir a reclamação, diga: "Deixe-me ver se eu entendi bem o que você falou. Você disse que..." e, então, repita a crítica nas próprias palavras. Em seguida, pergunte: "É isso mesmo?". Ou seja, você simplesmente não está entendendo bem a mensagem que seu cônjuge está enviando e está pedindo para esclarecer.

Você pode não querer aplicar esse tipo de exercício, mas, se tentar, ficará surpreso ao ver como facilita o relacionamento e reduz os comentários críticos de seu cônjuge. Não apenas isso, por mais estranho que pareça, ajuda o Arrojado a se sentir amado e respeitado.

Compreenda a diferença das críticas a homens e mulheres

Há diferenças relevantes entre homens e mulheres no que diz respeito a amar um Cônjuge Líder? Claro, principalmente se você for um homem que procura amar sua esposa Líder. Na verdade, a diferença entre os sexos é tão flagrante, no que se refere ao marido de uma esposa com este Estilo de Amor, que é preciso uma observação especial.

Ao que parece, as mulheres são rotuladas de "chatas" com muito mais frequência do que os homens. No entanto, de acordo com Deborah Tannen, em seu livro de sucesso intitulado *You Just Don't Understand: Women and Men in Conversation* [Você simplesmente não me entende: o difícil diálogo entre homens e mulheres], isso pode ser causado pela criação diferente de homens e mulheres.[2]

---

[2] TANNEN, Deborah. **You Just Don't Understand:** Women and Men in Conversation. New York: Ballantine Books,1990.
[**Você simplesmente não me entende:** o difícil diálogo entre homens e mulheres. São Paulo: Best Seller,1992.]

Geralmente, ao contrário dos homens, as mulheres são criadas para agradar, podendo considerar o cumprimento de uma solicitação do marido como oportunidade de demonstração de amor — eis por que essa questão não é tão importante para mulheres casadas com um marido Líder. Já os homens tendem a considerar uma solicitação da esposa como ordem e logo reagem: "Pare de me dizer o que fazer!". Assim, quando um marido deixa de fazer o que a mulher pede, ela se sente magoada ou surpresa e solicita mais uma vez. E mais outra. Se for uma esposa Líder, poderá pedir então, inconscientemente, com a "sutileza" de um sargento. Afinal, ela não tem muito tempo a perder.

No entanto, quanto mais ela volte a convocar o marido, ele se sentirá menos inclinado a atender. Ele, então, poderá demorar um pouco antes de fazer o que lhe foi solicitado, de modo que pareça que o faz por vontade própria — não porque lhe disseram para fazer. Além de seus sexos, mas, sobretudo, por se tratar, no caso, de uma esposa Líder, é útil lembrar esta diferença fundamental: os homens gostam de atender aos pedidos segundo as próprias condições. Isso significa que, geralmente, pode se obter deles resultados mais rápidos se lhes for dado simplesmente tempo para fazerem exatamente como querem.

Já se você é um homem casado com uma esposa Líder, tenha em mente que essa diferença entre os sexos, que se aplica praticamente a todos os casamentos, é um pouco mais amplificada em seu relacionamento. A urgência de sua esposa, em virtude de seu estilo próprio Arrojado-Líder, faz que suas "ordens" sejam, muitas vezes, consideradas contundentes. Esforce-se por "segurar a barra" quanto puder e não tome as coisas de forma pessoal. Uma vez realizada a tarefa com êxito, ela há de relaxar quase imediatamente, e você terá evitado um bate-boca desnecessário.

Elogie com liberalidade

O Estilo de Amor Arrojado valoriza profundamente o reconhecimento e a apreciação. Seu cônjuge ama ser honrado, celebrado e louvado, o que abre caminho a seu espírito e enche-o de vida — mesmo que não demonstre imediatamente. Não estamos falando de uma cerimônia oficial de adulação. Estamos falando de pequenas coisas que pode dizer para comunicar ao seu cônjuge que é valorizado, respeitado e amado. Aqui estão alguns exemplos: "Quero que saiba que realmente aprecio o que faz por nossa família"; "Você é uma das pessoas mais disciplinadas que conheço"; "Não sei o que faria sem você".

Para que seus elogios sejam ainda mais poderosos, faça comentários específicos. Poderá dizer algo do tipo: "Ouvi você conversando com o Jacó ontem à noite e quero que saiba que é um pai brilhante". Um elogio concreto e específico como esse, com certeza, aquecerá o coração do cônjuge Líder. Quanto mais frequentes forem os elogios, desde que sinceros e autênticos, mais sentirá o amor crescer em seu relacionamento.

O cônjuge Líder sente-se mais amado...
quando você o ajuda a atingir
seus objetivos com mais eficácia.

Como permanecer saudável com um Cônjuge Líder

Uma das coisas mais importantes que você pode fazer por seu casamento é permanecer saudável e forte. Se não cuidar de você mesmo, seu casamento sofrerá. Portanto, eis algumas maneiras práticas de permanecer saudável quando se é casado com uma pessoa com Estilo de Amor Arrojado:

Não leve as coisas para o lado pessoal

Lembre-se que, na maioria das vezes, o Cônjuge Líder está tentando proteger a si mesmo, não magoar você. Não se sinta responsável nem procure tornar as coisas "melhores" quando o cônjuge se aborrecer. Acusar seu par de ser controlador apenas deixará a pessoa mais temerosa e controladora. Em vez disso, diga-lhe como esse comportamento faz você se sentir. Essa atitude fez uma grande diferença para mim (Leslie) no nosso casamento, quando descobri como responder a Les sem levar para o lado pessoal. Você poderá lhe dizer, por exemplo: "Você pode não perceber, mas sempre acabamos fazendo as coisas *somente do seu jeito*. Isso é muito frustrante para mim. Eu gostaria que, cada vez, um de nós escolhesse o restaurante, ou o filme...". Expressar os sentimentos é bem melhor do que acusações do tipo: "Você jamais confia em qualquer das minhas de decisões!" Afinal, o comportamento do Arrojado não está relacionado propriamente a você; mas a como evitar a ansiedade de perder o controle. Então, não leve as coisas para o lado pessoal.

Se perder, e quando perder, perca com dignidade

Uma vez que vive com um cônjuge Arrojado, você, invariavelmente, acabará perdendo alguma coisa — influência, posição, a discussão ou as suas vontades. Não precisa, porém, perder a dignidade. Você poderá não escolher a cor do tapete novo do quarto, por exemplo, ou para onde irão nas férias, ou perder a discussão sobre a temperatura no termostato. Perder um pouco de poder e influência é inevitável quando se vive com um Cônjuge Líder.

> Comportar-se com dignidade é nada menos que permitir que os outros sejam eles mesmos livremente.
>
> *Sol Chaneles*

No entanto, quando essas coisas acontecerem, você pode "perder" do modo correto. Para os iniciantes: não espere ter a última palavra. O Arrojado considera isso um desafio e prolongará mais sua agonia. Pelo contrário, permita que o Arrojado tenha a última palavra; mas faça isso em *seus* termos. Diga algo como: "Estou disposto a ouvir e acatar sua decisão, mas depois que me explicar seu raciocínio — e ouvir o meu". Esse tipo de declaração pode parecer que desistiu da batalha, mas, na verdade, você está é mantendo a sua dignidade.

Estabeleça seus limites

Shakespeare disse: "Acima de tudo, seja verdadeiro com você mesmo". Era o seu modo elisabetano de dizer para estabelecermos os próprios limites. Como você é casado com um Cônjuge Líder, sem dúvida discute repetidas vezes as mesmas questões: o jeito de cada qual dirigir, de preparar o jantar, e assim por diante. Quando identificar uma questão bumerangue como essas, tenha uma conversa franca com seu cônjuge. Estabeleça limites.

Conversem, por exemplo, sobre quem realiza melhor determinadas tarefas e deveria controlá-las. Se você cozinha melhor, deve estar no controle da cozinha, e o cônjuge precisa concordar em não se intrometer. Se o cônjuge é melhor na direção, deve dirigir. O truque para fazer que essa estratégia funcione é lembrar constantemente o Líder do acordo de vocês. Se seu cônjuge começar a dizer a você como cortar as cenouras, por exemplo, lembre: "Concordamos que esse é o meu domínio, e eu estou no controle aqui". Talvez esses papéis delegados pareçam formais e preconcebidos demais para você. Podem ser. Mas fixar papéis pré-definidos pode ajudar você a estabelecer limites saudáveis e facilitar sua vida com seu Cônjuge Líder.

Você pode, ainda, estabelecer um limite sempre que seu cônjuge o tente menosprezar. Se seu cônjuge insultar você, peça um tempo e dê-lhe uma "falta". Diga, por exemplo: "Espere aí. Esse seu comentário passou dos limites, e você sabe que não há necessidade nenhuma de falar assim". Em outras palavras, estabeleça um limite que o proteja de ser comandado por uma pessoa mandona.

Dome seu "gremlin" interior

Depois de estabelecer os limites, avancemos mais um passo. Todos nós temos nossos "pontos fracos", áreas que são especialmente sensíveis e vulneráveis. Quando seu cônjuge se aproximar de uma dessas áreas por meio um comentário sarcástico, crítico, você provavelmente ouvirá outra voz de crítica — uma vozinha vinda lá de dentro —, que acrescentará sofrimento emocional. Poderá ouvir, por exemplo: "Ele está certo, eu sou incapaz". Ou, então: "É, nunca serei bom (boa) nisso". Claro que você já sabe que essa atitude não é nada saudável. Como, então, evitar agir assim?

O terapeuta familiar Richard Carson chama de *"gremlin" interior* esse "narrador" dentro de você que o deprecia e o tenta convencer de que qualquer crítica que ouvir é verdadeira. "Gremlins", como sabe, são criaturas (geradas pela ficção do cinema) perturbadoras e propensas à destruição. O "gremlin" que está em sua cabeça pega carona rapidamente na crítica de seu cônjuge. Não permita isso, de jeito nenhum.

> Agora, eu conheço a mim mesmo;
> e sinto dentro de mim uma paz que
> está acima de toda honra terrena,
> uma consciência tranquila e quieta.
> *William Shakespeare*

Impeça que esse "gremlin" cause confusão resguardando cuidadosamente de seu cônjuge seus pontos fracos. Declare simplesmente que esses pontos estão além dos limites e não faça concessões quanto a isso. Diga a seu cônjuge: "Olhe, você pode avaliar e criticar qualquer coisa que eu faça, mas não me diga como devo conduzir o relacionamento com a minha irmã. Isso é assunto só meu, e não seu, o.k.?". Ou então: "Eu aceito perfeitamente suas críticas, na maioria das vezes; mas não quanto ao *meu* peso. Essa é uma área *minha*, que você não pode criticar". Esse é o modo mais seguro de domar seu "gremlin" interior.

Para reflexão e discussão

1. Como é estar casado com uma pessoa que tem esse Estilo de Amor? Em outras palavras, quais são os benefícios e quais são os desafios de conviver com esse estilo em especial? Seja específico.

2. Agora que compreende mais claramente o que faz seu cônjuge se sentir mais amado, o que pode fazer amanhã ou nos próximos dias para que isso aconteça? Qual das sugestões deste capítulo relacionadas a amar seu cônjuge parece mais desafiadora? Por quê?

3. Em relação a permanecer saudável com o Estilo de Amor de seu cônjuge, que sugestão neste capítulo acha que mais beneficiaria você? Em termos práticos, como poderia pôr em ação essa sugestão?

ATIVIDADES DO LIVRO DE EXERCÍCIOS

para o Cônjuge Líder

Se estiver usando o livro interativo opcional de exercícios, vá até os exercícios destinados especificamente a aplicar este capítulo ao casamento. São vários exercícios curtos que, com certeza, vivificarão essas informações em seu casamento.

SE O SEU CÔNJUGE FOR UM MOTIVADOR

Ame-me quando menos mereço,
pois é então que realmente preciso.

Provérbio sueco

ALGUÉM JÁ DISSE que "um pessimista é um otimista com experiência". Talvez. Contudo, mesmo que os otimistas sejam simplesmente pessimistas com menos experiência, pessoas que têm a cabeça nas nuvens e veem a vida através de lentes cor-de-rosa... bem, parece que vale a pena!

Um recente estudo feito com cerca de mil pessoas ressalta o valor do otimismo. Depois de quase dez anos de acompanhamento, os pesquisadores descobriram que as pessoas que se consideravam otimistas tinham 50% menos chances de morrer por qualquer causa e 23% menos chances de mortes relacionadas ao coração. Os otimistas tendem a ser mais ativos fisicamente, a beber e fumar menos e a lidar mais adequadamente com o estresse.[1]

Nada mal, não é mesmo? Todavia, se o seu cônjuge for uma pessoa com Estilo de Amor Motivador, você poderá não concordar que tudo sejam sempre rosas. O próprio Cônjuge

---

[1] GILTAY, E. **Archives of General Psychiatry**, n. 61, nov. 2004, p. 1126-1135. Disponível em: <http://www.foxnews.com/story/0,2933,137312,00.html>.

Encorajador, o desse estilo, apresenta alguns desafios. Assim, você terá neste capítulo algumas estratégias comprovadas e eficazes para tornar o melhor possível seu casamento com um Cônjuge Encorajador.

Este capítulo revelará exatamente o que pode esperar do seu Cônjuge Encorajador, o que ele mais teme e o que você pode fazer — em termos específicos — para amar melhor a pessoa com quem se casou. Por fim, revelaremos como você pode permanecer saudável, mesmo sendo casado com um Cônjuge Encorajador.

O que esperar de um Motivador: o Cônjuge Encorajador

Vamos direto ao ponto. Você poderá esperar muita diversão de um cônjuge que tem um Estilo de Amor Motivador. A vida com essa pessoa é empolgante, espontânea, surpreendente, cheia de aventura e repleta de atividades. Você jamais ficará entediado. Exausto talvez; entediado, nunca.

> Dois homens olharam para fora através das grades de uma prisão: um viu lama, e o outro, estrelas.
>
> *Anônimo*

O comportamento divertido de seu cônjuge traz riso e bom-humor ao lar. Você pode contar com brincadeiras e grandes surpresas. Seu cônjuge alegra sempre o ambiente e pode fazer você se sentir melhor quando ninguém mais o consiga. Parece saber exatamente o que dizer para animar você e o fazer ir em frente. Você passa a ser uma pessoa mais confiante por causa de seu cônjuge (e o Cônjuge Encorajador adora que você reconheça isso).

Pode ter certeza também de que você nunca terá poucos amigos. Com esse cônjuge, você tem uma casa agradável e acolhedora. Claro, eles gostam de você, mas (não se engane) você é mais popular por causa da pessoa com quem se casou.

Todavia, quando seu cônjuge se encontra em sua pior condição, pode esperar uma razoável quantidade de dramaticidade. Você descobrirá que pequenos problemas podem se tornar grandes calamidades quando seu Cônjuge Encorajador não está se sentindo seguro e aceito por você. Um comentário aparentemente inocente, uma alfinetada quase imperceptível, pode se tornar uma "tragédia" matrimonial — só porque ele viu muito além do que você pretendia dizer. Se a questão não for resolvida rapidamente, pode esperar cara feia, mau humor ou até, mesmo, afastamento. Esse afastamento, aliás, não passa apenas de um modo de dizer: Não há desejo nenhum de punir você, muito pelo contrário. Nesses momentos difíceis, seu cônjuge quer que você busque entendimento com ele e resolva a situação com uma grande dose de amor.

> Amamos não porque encontramos uma pessoa perfeita, mas porque aprendemos a ver com perfeição uma pessoa imperfeita.
>
> *Sam Keen*

Você deve esperar, ainda, um pouco de demora, esquecimento e perda das coisas. Essas atitudes poderiam até ser descritas como "comportamento passivo-agressivo". Veja bem: como seu Cônjuge Encorajador é avesso a conflitos, a única forma de chamar sua atenção sem provocar uma briga de fato é, convenientemente, protelar ou esquecer alguma coisa ou perder algo que seja importante para você. É claro que a agressão em um ato passivo como esse é quase imperceptível, de modo que não pense ser sempre esse o caso. Apenas esteja ciente de que esquecimentos, demoras e perdas são experiências que já vêm no pacote do Cônjuge Encorajador.

Nunca perca de vista, porém, que, quando as carências fundamentais de seu cônjuge são supridas, quando se sente profundamente aceito e amado por você, dispõe de um parceiro muito afetuoso, incentivador, estimulante, divertido e atuante.

O que seu cônjuge mais quer de você

- Audiência atenta e amorosa
- Elogios sinceros
- Riso e diversão
- Espaço para ser espontâneo (não predeterminado)
- Chance de falar
- Aceitação incondicional

O que seu Cônjuge Encorajador mais teme

O jornalista Henry Bayard Swope, ganhador do prêmio Pulitzer, observou uma vez: "Não posso dar a fórmula para o sucesso, mas posso dar a fórmula para o fracasso: tentar agradar a todos". Infelizmente, o Cônjuge Encorajador tenta, com frequência, fazer exatamente isso. E fracassa, como disse Swope? Não necessariamente. Mas atinge o medo mais profundo quanto a seu par, e grande parte desse medo é o fracasso em relação a você.

> Aprendi que as pessoas podem esquecer do que você disse, do que você realizou, mas nunca esquecerão de como você as fez se sentir.
>
> *Maya Angelou*

Lisa e Steve, casados há catorze anos e profundamente apaixonados, ainda enfrentam pequenas dificuldades, que esmorecem o espírito de Lisa. Esposa Encorajadora, ela observa se Steve não comeu tanto quanto geralmente come no jantar. Presume então que seja por causa da comida. "Você não gostou da comida, não é mesmo?", pergunta. Se ele não consegue encontrar a camisa que está procurando, Lisa apressa-se a procurá-la: "Talvez esteja na lavanderia", diz. "Vou encontrá-la." Se Steve comenta que alguém está de dieta, Lisa supõe que ele queira que ela perca peso. Ao que parece, para Lisa, praticamente toda interação passa necessariamente por um filtro de fracasso em potencial. Ou seja, Lisa está ligada a sinais invisíveis de que está decepcionando Steve e perdendo sua aprovação.

A necessidade de agradar está no âmago da identidade do Cônjuge Encorajador — e essa necessidade provém do temor de rejeição. Veste-se para agradar, fala para agradar, age de modo que agrade e, para agradar, sorri a qualquer preço. Fica atemorizado com a menor possibilidade de vir a ser desprezado ou de que magoem seus sentimentos. Acessível e sempre bem-disposto, o Cônjuge Encorajador conquista aprovação com facilidade. Se você for especialmente difícil de persuadir, no entanto, seu cônjuge tentará isso com muito mais afinco. Assim como o deserto suplica pela chuva, seu cônjuge suplica por aprovação — e teme, desesperadamente, perdê-la.

Suplicar por aprovação pode parecer um termo um tanto forte, mas apenas uma palavra poderosa como "suplicar" descreveria adequadamente o domínio que a necessidade de sua aprovação tem sobre seu cônjuge. Ele vive com medo de que você o rejeite.

Como amar um Cônjuge Encorajador

Todos querem ter um casamento feliz, e o casamento feliz é resultado de duas pessoas dando o máximo de si — com ambos os cônjuges operando em suas melhores condições e a força de suas personalidades inatas. Tendo isso em mente, apresentamos a seguir algumas atitudes específicas que garantirão que seu cônjuge possa funcionar com base nos aspectos positivos de sua personalidade dada por Deus. Ajudarão também você a honrar o Estilo de Amor de seu cônjuge.

Afirme seu amor generosamente

Se você não entendeu a mensagem até agora, vamos pôr tudo às claras: seu cônjuge anseia por seu amor, teme perder esse amor. Se quiser um lar feliz, se estiver procurando uma forma de amar seu Cônjuge Encorajador, não errará em reafirmar seu amor. Seu cônjuge se alimenta disso.

A palavra "afirmar", em francês antigo, significa literalmente *fortalecer*, e sua raiz latina, *dicere*, significa *dizer*. Portanto, afirmar seu cônjuge significa dizer algo que o fortaleça. Essa afirmação pode ser tão simples quanto elogiar sua aparência ou tão profunda quanto observar sua sábia intervenção paterna ou materna. Por exemplo: "Estive observando hoje de manhã como você dissipou o conflito que estava se formando entre as crianças. Fique sabendo que fez um grande trabalho — você realmente é um pai, ou mãe, extraordinário". Palavras como essas revigoram seu cônjuge, desde que sejam verdadeiras e genuínas. Suas afirmações precisam vir do coração.

A verdade é que seu cônjuge anseia que você afirme seu amor. Portanto, não se contenha. Mesmo que só consiga pensar em uma pequena afirmação, fale em voz alta. É uma das melhores maneiras de suprir as profundas necessidades de seu cônjuge.

> Na verdade, tenho grande prazer em ver a teimosia de um não conformista incorrigível ser calorosamente aclamada.
>
> *Albert Einstein*

Seja mais espontâneo

Seu cônjuge adora diversão espontânea. Se isso não faz parte de seu estilo, se gosta de ser mais ponderado e planejado, pode melhorar seu relacionamento cedendo à espontaneidade de vez em quando. Mesmo que pareça um tanto insensato, não faça seu cônjuge ter de implorar para que se junte à aventura. Se for preciso escorregar em um tobogã aquático em um parque de diversões, faça-o. Se significar fazer um piquenique no parque e deixar a arrumação do jardim para outro dia, faça-o.

Carl Sandburg disse uma vez: "As melhores coisas que aconteceram em minha vida foram, quase todas, inesperadas e não planejadas". O mesmo vale para você, se acompanhar os caprichos de seu cônjuge. Acolha sempre que puder a necessidade de emoção de seu Cônjuge Encorajador. Seu espírito alegre os levará a muitas experiências memoráveis juntos. Unir-se à sua diversão é um modo garantido de dizer "eu te amo" ao Cônjuge Encorajador.

Compartilhe os problemas

Um dos modos mais fáceis de calar seu cônjuge é tentar resolver os problemas dele antes mesmo de procurar compreendê-los. Os homens geralmente consideram essa proposição como uma crítica injustificada, e às vezes até por bons motivos. Essa situação, entretanto, pode ter duas mãos. Aqui está uma chave: quando seu cônjuge estiver contando os problemas, fique calado. Ouça apenas e seja tão paciente quanto possível. Teoricamente, seu cônjuge tem liberdade de falar, mas, na prática, faça realmente o possível para não interromper. Mantenha o contato olho no olho e permita que seu cônjuge deixe seus sentimentos fluírem.

> Conforme-se, e será insípido.
> *J. Frank Doble*

Uma vez que o tenha ouvido, então, e somente então, deve sugerir possíveis soluções para o problema. Melhor ainda, não ofereça solução, a não ser que seu cônjuge a peça claramente. Procure mais compreender os sentimentos de seu cônjuge; ouça com compaixão e compreensão.

Ele ou ela necessita sempre de sua simpatia ao lidar com algo difícil. Sua atenção simpática recarregará as baterias do Cônjuge Encorajador e lhe dará energia para enfrentar os problemas, mais uma vez.

Isso pode não parecer amor a você, mas asseguramos que o será para seu cônjuge.

Esclareça os detalhes

Uma vez que seu Cônjuge Motivador tende a exagerar o lado bom e negligenciar o ruim, você pode evitar angústia para si e para ele solicitando amorosamente mais detalhes. Por exemplo, quando um marido Motivador diz que estará em casa em quinze minutos e você suspeita que isso seja impossível por causa do tráfego, esclareça: "Não acha que a esta hora, com o trânsito, levará mais de trinta minutos?". Isso permite que o Cônjuge Motivador tenha oportunidade de encarar os fatos, em vez de se centralizar nos sentimentos. Dá ao cônjuge a chance de dizer algo como: "Você está certa; provavelmente levará mais de trinta minutos".

> Não há relacionamento, comunhão ou companhia mais amorosa, amigável e encantadora do que um bom casamento.
>
> *Martinho Lutero*

Um simples esclarecimento pode abrir uma janela para que seu Cônjuge Motivador seja mais preciso com você. Pode parecer bobagem esclarecer coisas assim tão pequenas, mas lembre-se de que o Motivador é um pacificador, que procura sempre encaixar tudo nos lugares — a ponto de negar ou ignorar, se puder, que algo esteja errado, atrasado ou difícil. Está mais interessado em viver em paz e harmonia com você do que em exibir vazia honestidade. Se você não está agindo assim, faça um favor a si mesmo e esclareça os devidos detalhes, amorosamente, com seu Cônjuge Motivador.

Peça honestidade

"Diga o que tem a dizer, não o que deve dizer," recomendava o grande escritor americano Henry David Thoreau. Eis um conselho difícil de engolir para um Cônjuge Motivador. Pode ser extremamente decepcionante para alguém que confia em uma opinião honesta ser casado com um Motivador. Por quê? Porque o Cônjuge Motivador não gosta de ferir sentimentos — então, é muito difícil para ele dar a má notícia, embora honesta. Mesmo que o Motivador não goste de algo, com frequência distorce o ponto de vista para que aquilo seja algo positivo.

Diga a seu cônjuge que colocou papel de parede no banheiro, como surpresa. "Puxa! Você realmente trabalhou duro nisso, hein?", ele poderá comentar. Você pressiona por mais detalhes: "Sim, mas o que você acha? Agora que está pronto, não tenho certeza de que ficou bom".

> Seja quem você é e o que sente porque aqueles que se interessam não se importam, e aqueles que se importam não se interessam.
>
> *Dr. Seuss*

Seu cônjuge irá afirmar que está ótimo, mas você suspeita que ele não pense bem assim. Realmente quer que seu cônjuge avalie as coisas com honestidade; mas tudo o que consegue são elogios superficiais. O que fazer? Lembre-se de que ofender você seria a última coisa que seu cônjuge poderia desejar. Por isso, terá de lhe dar uma pequena estocada. Muitas vezes, tudo o de que precisa é um pedido direto de opinião sincera: "Quero saber realmente o que está pensando". O convite para ser sincero e expressar o que sente era só do que o Motivador precisava para poder falar à vontade de qualquer suposta negatividade relacionada a você ou a suas atividades. Deixe bem claro para o seu cônjuge que sua opinião ou mesmo suas críticas não o ofenderão.

Por exemplo, em vez de indagar: "O que você acha desta carta que escrevi?", diga: "Se você fosse eu, o que mudaria nesta carta? Preciso realmente de sua opinião honesta e objetiva".

Ainda assim, pode ter de insistir. No entanto, quanto mais incentivar seu Cônjuge Motivador a falar claramente, mais honestidade receberá. Mais importante ainda, solicitar sua opinião direta ajudará seu cônjuge a ver que ser honesto com informações aparentemente negativas não é tão assustador assim quanto pensava. E essa atitude o ajudará a se tornar mais equilibrado. Isso será sempre uma expressão de amor para com seu cônjuge.

> Dificilmente encontramos pessoas de bom senso, exceto aquelas que concordam conosco.
>
> *François de la Rochefoucauld*

Demonstre mais afeição

Se seu cônjuge fosse um carro, seria movido a afeição. A afeição abastece os sentimentos de amor de toda pessoa dotada de Estilo de Amor Motivador. É tão fácil expressar afeição: ela pode ser verbal ou não. Você tem um milhão de oportunidades, todos os dias, de expressar afeto, manifestar sentimentos carinhosos e afetuosos a seu cônjuge. Pode ser um carinho gentil, uma piscadela amorosa, o silêncio quando esteja dormindo ou qualquer outro gesto de atenção e cuidado.

> Ter esperança é correr o risco de se frustrar.
>
> *Thomas Merton*

Jack nunca compreendera realmente o valor de expressar afeição por sua Esposa Motivadora, até que participou de um de nossos seminários. Semanas depois, ele nos mandou um *e-mail*, dizendo: "Achei que seria bom tentar. Então, passei no escritório dela ontem levando seu café favorito e pedi à recepcionista que lhe entregasse como uma pequena surpresa. Escrevi na tampa do invólucro: 'Estou feliz por você ser minha'. Foi só isso. Alguém poderia até pensar que eu dera a ela de presente uma viagem para o Havaí... Naquela mesma tarde, ela me telefonou emocionada. E aquela noite, bem, foi fantástica!".

Jack passou a acreditar nisso. Você também acreditará, quando tentar umas poucas atitudes de calorosa afeição para com seu Cônjuge Motivador.

Flexibilize o cronograma

Você se lembra do coelho de *Alice no país das maravilhas*? Ele corria freneticamente de um lado para o outro, sempre se desculpando: "Estou atrasado! Estou atrasado para um encontro muito importante!".

Já pensou alguma vez estar casado com esse coelho? Embora os cônjuges com um Estilo de Amor Motivador, na maioria, estejam eternamente atrasados, muitos deles ficam desesperados em não se atrasar, porque sabem que isso pode criar atrito. Estar cronicamente atrasado pode, de fato, dificultar manter a paz. Mas pode ser também que o Cônjuge Motivador simplesmente não consiga interromper uma conversa agradável ao telefone, mesmo sabendo que isso poderá atrasar seu compromisso seguinte.

Qualquer que seja o motivo do atraso, no entanto, legítimo ou não, você pode ser um cônjuge mais amoroso se aprender a ser um pouco mais tolerante e flexível para com a agenda, por vezes surpreendente, de seu cônjuge. Em termos práticos, significa lhe dizer coisas do tipo: "Todos nós nos atrasamos de vez em quando... Eu entendo". Ou, se não se sentir assim tão generoso: "Eu sei que você correu para chegar aqui. Tudo bem. Eu só queria que você levasse em conta minha agenda, meus compromissos...". É bem melhor que dizer: "Puxa, você não tem a menor consideração comigo — não consigo entender por que você faz isso!". Um comentário negativo como esse oprime o espírito da pessoa. Seja o mais tolerante, flexível e gentil quanto possível nessa área, sem precisar, no entanto, sacrificar continuamente sua necessidade de organização.

Seu Cônjuge Motivador sente-se mais amado... quando o relacionamento de vocês está repleto de expressões de afirmação e afeição.

Como permanecer saudável com um Cônjuge Motivador

Uma das coisas mais importantes que você pode fazer pelo seu casamento é permanecer saudável e forte. Se você não cuidar de si mesmo, seu casamento poderá sofrer. Eis, portanto, algumas maneiras práticas para permanecer saudável quando casado com um Cônjuge Motivador.

Faça uma pausa quando necessário

Viver com um Cônjuge Motivador tem muitas vantagens; mas, por vezes, o redemoinho de atividades e a agenda social completamente lotada podem se transformar em fadiga, se você não for desse jeito também. Se for o seu caso, recomendamos encontrar algumas formas práticas de acompanhar o cônjuge com seu ritmo próprio. Em outras palavras, sugerimos que saiba pisar no freio quando for preciso, a fim de manter seu sentido de bem-estar.

> É melhor ser odiado pelo que se é do que amado pelo que não se é.
> *André Gide*

Um Cônjuge Motivador tem potencial suficiente para esgotar os portadores de outros Estilos de Amor. Geralmente, não o Líder (ele não toleraria isso), mas pode ser perfeitamente seu par com Estilo de Amor Observador ou Reflexivo. Se esse for seu caso, analise onde, como e quando pode e deve fazer uma pausa. Converse com seu Cônjuge Motivador sobre isso, de forma amorosa. Poderá dizer algo como: "Eu adoro a energia e o senso de aventura que traz com você, mas, sinceramente, não somos iguais... Eu preciso às vezes de tempo, pelo menos para recuperar o fôlego!". A partir daí, diga como poderia ser: poderia ser, por exemplo, tirando uma gostosa soneca aos domingos à tarde, ou uma escapada sua para seu "esconderijo", a fim de ler, estudar ou ouvir música suave por algum tempo, sem interrupção etc.

A verdade é que você precisa proteger seu espírito para que não venha a ser tomado, dominado e esgotado pela incessante energia e atividade de seu cônjuge.

Estabeleça limites

Todo casamento saudável tem limites demarcados, que protegem cada cônjuge de se ferir ou se dar mal. Se você ainda não estabeleceu os seus limites junto com seu cônjuge, precisa fazê-lo. Limites não são nada mais do que algo a que está disposto a assentir com um *sim* ou algo a que tem certeza que responderá com um *não*.

No início deste capítulo, estimulamos você a demonstrar mais amor por seu cônjuge sendo mais espontâneo — principalmente se você mantém um cronograma rígido. Isso não significa, no entanto, que nunca deverá dizer "não" a um pedido de seu cônjuge. Se estiver se sentindo pressionado por ele, queremos encorajar você a estabelecer um limite, do qual, naturalmente, seu cônjuge deverá ter conhecimento. Você pode, por exemplo, dispor-se a deixar temporariamente o que estava fazendo e ir a um parque de diversões com seu cônjuge e amigos. Todavia, se tem medo de montanha-russa, deve logo avisar ao seu cônjuge e de modo nenhum ceder à sua pressão ou insistência para que você ande nesse brinquedo com ele. Isso poderia significar ultrapassar justamente um limite, o que você não gostaria. Uma vez que seu cônjuge compreenda quanto isso é importante, deverá respeitar. É claro que limites podem ser estabelecidos quanto a qualquer coisa que faça você se sentir mal ou muito ansioso. Entretanto, eles também podem ser estabelecidos quanto a qualquer coisa que venha a afetar ou sugar sua energia. Por exemplo, você pode se dispor a ir a uma festa com seu cônjuge, mas não estar disposto a ficar mais do que algumas horas.

> Não há conversa mais entediante do que aquela em que todos concordam.
> *Michel de Montaigne*

Estabeleça os limites que devam proteger suas legítimas exigências. Seu casamento agradece.

Anule qualquer necessidade "inapropriada"

Uma vez que o Cônjuge Motivador está sempre ansioso por suprir suas necessidades e conquistar sua aprovação, poderá passar a querer atender também a exigências que simplesmente não existem. Pode estar, por exemplo, com a impressão errada de que você gosta de assistir ao noticiário da TV, ou jogar dominó, ou fazer massagem nos pés, ou o que mais que seja. Em alguma ocasião, principalmente se você for um Cônjuge Devotado, você pode ter dado involuntariamente a impressão de que realmente aprecia algo de que, na verdade, não gosta, ou já gostou e não gosta mais, e seu Cônjuge Encorajador continua procurando suprir essa necessidade.

É pouco provável que isso aconteça se você for uma pessoa com Estilo de Amor Arrojado; mas, se isso está acontecendo, informe a seu cônjuge francamente que determinada atividade não é realmente algo que você aprecie; que não é, ou não é mais, uma necessidade sua, de modo nenhum. Diga isso, é claro, com gentileza. Afinal de contas, seu cônjuge apenas o faz imaginando erroneamente que está fazendo um agrado ou um favor. Diga algo como: "Puxa, você cuida tão bem de mim, mas realmente não precisa fazer isso mais, não". Ele poderá ficar surpreso, mas tudo bem. Você não precisa viver suprindo uma necessidade que não existe.

> Não há conversa mais enfadonha do que aquela em que todos concordam.
>
> *Michael de Montaigne*

Dirija o drama

Você já sabe que seu cônjuge pode, às vezes, fazer uma tempestade em copo d'água. Já viu seu cônjuge exagerando disputas e enfeitando histórias. É provável que tenha sido arrastado para essas experiências por bons motivos.

No entanto, com o passar dos anos, pode ter percebido que se sente um pouco frustrado. Ou seja, que fez concessões um pouco demais a episódios dramáticos que, pensando bem, não requereriam tanta energia. Pode ter sido uma história sobre um motorista descuidado, um colega de trabalho grosseiro ou uma série de outros incidentes "dramáticos".

> O amor é um fruto presente em todas as estações e ao alcance de todas as mãos.
>
> *Madre Teresa de Calcutá*

Tudo bem. Tinha e tem todo o direito de se envolver nos dramas e relatos de seu cônjuge. Se, no entanto, por vezes, esgotam sua energia ou irritam você desnecessariamente, recue um pouco. É só isso que precisa fazer. Esta autoafirmação dará a você um pouco de objetividade. Ajudará você a agir tanto como observador quanto como participante. Auxiliará você a dirigir o drama, a "encená-lo" como de fato aconteceu. Pode fazer isso perfeitamente sem precisar se distanciar de seu cônjuge, desde que continue a emprestar um ouvido atento e amoroso quando necessário.

Para reflexão e discussão

1. Como é estar casado com uma pessoa que tem esse Estilo de Amor? Em outras palavras, quais são os benefícios e os desafios de conviver com esse estilo em especial? Seja específico.

2. Agora que compreende com mais clareza o que faz seu cônjuge se sentir mais amado, o que pode fazer amanhã ou nos próximos dias para que isso aconteça? Qual das sugestões deste capítulo relacionadas a amar seu cônjuge parece mais desafiadora? Por quê?

3. Em relação a permanecer saudável com o Estilo de Amor de seu cônjuge, que sugestão neste capítulo acredita que mais beneficiaria você? Em termos práticos, como poderia pô-la em prática?

ATIVIDADES DO LIVRO DE EXERCÍCIOS

para o Cônjuge de um Motivador

Se estiver usando o livro interativo opcional de exercícios, vá até os exercícios destinados especificamente a aplicar este capítulo ao casamento. São vários exercícios curtos que, com certeza, vivificarão essas informações em seu casamento.

SE O SEU CÔNJUGE FOR UM OBSERVADOR

A paz é sempre bela.

Walt Whitman

SE VOCÊ PROCURAR a palavra "validar" no dicionário, verá que significa legitimar, confirmar. É assim que seu cônjuge é — apenas em nível mais pessoal. Seu Cônjuge Observador quer sempre validar os sentimentos e as opiniões dos outros. É isso que faz com você também. Por quê? Porque é essa a melhor forma que nós, humanos, temos para manter relacionamentos pacíficos. E seu cônjuge, acima de tudo, preza a paz.

> Poucas coisas chegam a ser bem-sucedidas mediante o desejo impetuoso, mas muitas delas pela disposição calma e prudente.
>
> *Tucídides*

Na verdade, seu cônjuge é intricadamente traçado para fazer tudo o que puder para manter a paz no casamento. Por isso, sistematicamente ele valida e revalida você, assegurando que seus sentimentos e opiniões sejam reconhecidos, respeitados e ouvidos. Independentemente se, de fato, concorda ou não com o que você está dizendo, seu Cônjuge Observador quase sempre tratará você com respeito genuíno, tendo o cuidado de não marginalizar ou desconsiderar suas opiniões e contribuições.

Essa validação é uma dádiva que nem todos recebem de um cônjuge. Contudo, no seu caso, é oferecida com tanta insistência que você pode acabar não dando a ela o justo e merecido valor. É claro, também, que esse grande desejo de paz de seu cônjuge tem um preço. Você já deve ter notado que seu cônjuge acrescenta outras características e qualidades ao relacionamento, que podem tanto ajudar quanto prejudicar o tipo de casamento que você poderia gostar de ter. Em outras palavras, seu cônjuge, como você ou qualquer outra pessoa, apresenta alguns desafios juntamente com alguns dons maravilhosos.

Este capítulo revela exatamente o que você pode esperar de seu cônjuge, o que ele mais teme e o que é preciso fazer, em termos específicos, para você amar seu cônjuge melhor e de forma bem-sucedida. Por fim, mostraremos como pode permanecer forte e saudável tendo um Cônjuge Dedicado.

O que esperar de um Observador: o Cônjuge Dedicado

Seu cônjuge é bem mais direcionado para pessoas do que para projetos. Tem também um ritmo mais lento, o que faz que se sinta mais confortável quando a vida está seguindo um ritmo estável, sem mudanças repentinas e inesperadas. Na verdade, você pode contar com que seu cônjuge demore a aceitar mudanças de qualquer tipo. A mudança pode ser desde alterar os planos para o jantar até alterar algo tão significativo como um emprego ou uma carreira. Qualquer que seja a mudança, provavelmente seu cônjuge a ela resistirá, pelo menos no começo. Depois, com o tempo, poderá aceitá-la, mas saiba que precisará de bastante tempo para isso.

> Seja como um pato. Calmo na superfície, mas sempre patinhando com muita força embaixo d'água.
>
> *Michael Caine*

Também pode esperar que o Observador termine tudo o que houver começado. Quando seu cônjuge assume um compromisso, pode considerá-lo cumprido. Persevera quando outros já teriam desistido ou deixado para depois. Faz todo o esforço necessário para realizar suas promessas. Quer, porém, que você faça o mesmo. Se não o fizer, é certo que o cônjuge ficará aborrecido. Ele se calará, se você prestar atenção, logo saberá que o decepcionou.

Por sinal, pode esperar que seu cônjuge se mantenha relativamente quieto a maior parte do tempo. Você, com certeza, já passou por momentos em seu casamento em que ficou imaginando o que seu cônjuge estaria realmente sentindo. Seu rosto, suas palavras e reações não parecem revelar esses sentimentos. Se você estiver empolgado por qualquer motivo, não espere que ele vá se juntar à celebração — ou, pelo menos, não com a intensidade com que outras pessoas costumam celebrar. De fato, seu cônjuge parece, às vezes, um tanto distante e é, sem dúvida, introvertido. Ele pode estar comprometido com você, na verdade, mais justamente como Observador do que como participante do casamento.

> Não há alegria sem tranquilidade.
> *Lorde Alfred Tennyson*

Pode estar certo de que seu cônjuge será muito constante e leal a você. É uma das marcas do Observador. Estará ao seu lado em tempos bons e ruins, no melhor e no pior. Na verdade, você está casado com o mais fiel dos Estilos de Amor. Como mencionamos, o Cônjuge Dedicado não assimila prontamente mudanças de nenhum tipo, e isso inclui não mudar a dedicação que tem a você.

Quando as necessidades de seu cônjuge estão sendo supridas, quando está em paz e a vida está estável, pode ter certeza de que possui um cônjuge bastante despreocupado, pacífico, alegre, atencioso, confiável e tranquilo.

O que seu cônjuge mais espera de você

- Uma presença tranquila
- Cortesia e paciência
- Tempo sem pressa para estar com você
- Aviso bem antecipado de mudanças
- Tempo para refletir
- Confiança e propósito

O que o Cônjuge Dedicado mais teme

Podemos resumir o medo mais profundo de seu cônjuge em uma única palavra: mudança. Seu cônjuge ama a rotina e um plano fixo com que possa contar. Apega-se a esse plano com tenacidade. Mesmo uma pequena alteração pode ser desconcertante para ele. Se o garçom que geralmente serve a você o café em sua lanchonete favorita de repente tiver ido embora, seu cônjuge pode ficar chateado com isso. Imagine, então, o medo que ele alimenta das mudanças que você possa impor à vida conjugal.

Se apenas for mencionado que pode ou deve haver uma mudança em sua carreira ou que seu trabalho exige que se mudem agora de cidade, acende-se um botão sinalizador de perigo no espírito dele. Ele não perde seu bom senso externamente (o que lhe causaria conflito), mas seu interior, de repente, entra em um turbilhão. Você pode até pensar nas mudanças como empolgantes ou inevitáveis; mas seu cônjuge as considera como terríveis e evitáveis — se vocês dois simplesmente seguirem sua composição original.

Além desse medo, há o medo de perder a segurança. É o que, aliás, a mudança representa para o Cônjuge Dedicado. Na verdade, sendo tão devotado a você, uma modificação — positiva ou negativa — lhe parece poder pôr o relacionamento em risco. Ele prefere não correr riscos — e a mudança é um risco. Para ele, ou ela, significa a possível perda do que ambos passaram a esperar. Significa ser empurrado para fora da sua área de comodidade e conforto. Uma mudança na carreira, por exemplo, pode significar que terão menos tempo juntos ou que o novo círculo social de vocês pode não ser mais tão agradável quanto o atual. Mudanças, enfim, parecem altamente arriscadas e perigosas para seu cônjuge.

> O verdadeiro gênio estremece diante da imperfeição — e geralmente prefere o silêncio a dizer algo que não é tudo o que deveria.
>
> *Edgar Allan Poe*

Seu cônjuge também teme o conflito. Uma vez que a paz tem para ele alta prioridade, o Cônjuge Dedicado fará tudo que for possível para manter a discórdia à distância. O conflito, tal como a mudança, desmantela sua segurança. Leva a resultados imprevisíveis. O conflito, para o seu cônjuge, é assustador. Vive, pois, com temor da discordância e da mudança, pois essas experiências, no seu entender, tornam a vida inconsistente, instável e imprevisível. Essas coisas, enfim, abalam o íntimo do seu cônjuge.

Como amar o Cônjuge Dedicado

Todos querem ter um casamento feliz, e o casamento feliz é resultado de duas pessoas dando o máximo de si — com ambos os cônjuges operando em suas melhores condições e com toda a força de suas personalidades inatas. Tendo isso em mente, apresentamos a seguir algumas atitudes específicas que garantirão que seu cônjuge possa funcionar com base nos aspectos positivos de sua personalidade dada por Deus. Ajudarão também você a honrar o Estilo de Amor de seu cônjuge.

Cultive a importância

Já que seu cônjuge age com toda a diligência para impedir que irrompa um conflito e, ao agir assim, parece um pouco indiferente e desinteressado, tem uma necessidade especial de inclusão e significado. Afinal, manter-se longe de problemas faz com que o Cônjuge Dedicado receba menos atenção, tanto negativa quanto positiva, do que a maioria das outras pessoas. Embora o fato de ser discreto e um tanto ignorado possa tornar a vida mais pacífica, pode instilar sentimentos de insignificância.

> Os sonhos são ilustrações [...] do livro que sua alma está escrevendo a seu respeito.
>
> *Marsha Norman*

Você, provavelmente, gosta muito de incluir seu cônjuge em decisões e em conversas que contribuam para um sentimento de elevado significado de sua pessoa, mas, quando faz isso, geralmente sente que ele não está participando. Tudo bem. Mesmo assim, não deixa de ser significativo. Mesmo que seu cônjuge aparentemente não se importe, não desista. Essa aparente falta de atenção é apenas externa. Interiormente, o Cônjuge Dedicado sente-se ótimo por ter sido incluído na conversa. Se seu cônjuge parece ficar satisfeito em deixar que você tome a maioria das decisões, mesmo assim possui desejo latente de ser incluído no processo de decisão. É essencial, portanto, que facilite sempre sua participação. Uma das melhores formas de fazer isso é por meio de perguntas abertas, não perguntas de "sim" ou "não", mas com respostas necessariamente explicativas. Por exemplo, em vez de perguntar: "Você concorda que façamos esse investimento?", indague: "O que você acha de fazermos esse investimento?". Perguntas abertas atraem seu cônjuge à explanação e à conversa.

A propósito, certifique-se de não interrompê-lo na resposta quando lhe fizer essas perguntas. Seu cônjuge pode não falar muito, mas, quando fala, suas palavras são certamente importantes. Trate-o de acordo. Tudo isso é parte de cultivar mais importância para sua pessoa. É uma forma maravilhosa de amar seu Cônjuge Dedicado.

Avise com antecedência sobre possíveis mudanças

Você já sabe que seu cônjuge resiste a mudanças. Claro que muitas mudanças são inevitáveis; a vida é imprevisível. Contudo, se você advertir seu cônjuge a tempo sobre possíveis mudanças futuras, poderá lidar muito mais facilmente com elas. É como dirigir em uma longa estrada e avistar uma placa de sinalização que indica que a estrada pavimentada se tornará uma estrada de terra a alguns quilômetros bem à frente. A placa dá tempo de o motorista se preparar para o que está prestes a vir. Serve para que a transição de uma coisa para outra seja tranquila. Você fará o mesmo por seu cônjuge se o avisar com a devida antecedência sobre uma possível mudança na estrada da vida.

Se você já sabe, por exemplo, que a duração de suas férias provavelmente terá de ser reduzida este verão por causa de uma alteração qualquer no trabalho, não deixe para informar isso mais tarde; conte logo para seu Cônjuge Dedicado. Poderá dizer algo do tipo: "Estávamos contando em tirar férias na metade de janeiro, não é verdade? Mas acabei de saber hoje pelo meu chefe que *talvez* tenhamos de encurtar nossas férias para que eu possa assumir a tempo meu novo cargo". Então, esclareça: "Nada ainda é certo. É apenas uma possibilidade. Quero, porém, que você saiba, caso tenhamos de adaptar um pouco os nossos planos para as férias".

> Deus promete uma aterrissagem segura, mas não uma travessia tranquila.
>
> *Provérbio búlgaro*

Algo assim, a princípio, poderá deixar o Cônjuge Dedicado um pouco consternado, mas ele vai preferir saber agora do que mais tarde, quando houver pouco tempo para se ajustar. Você pode ser tentado a adiar notícias como essas até que sejam confirmadas;

lembre-se, no entanto, que não vale a pena se a demora não permitir que seu cônjuge tenha tempo necessário para se adequar. É preferível avisar sempre seu cônjuge com bastante antecedência sobre possíveis mudanças.

Dê-lhe tempo para se adaptar

O tempo para se adaptar começa com o aviso de mudança. Uma vez que a mudança já está em marcha, seu cônjuge precisa de tempo para se adaptar a ela. Seu cônjuge pode ser comparado a um termostato. Podemos aumentar ou diminuir a temperatura, mas a temperatura do ambiente não muda instantaneamente. O mesmo princípio é válido para o Cônjuge Dedicado, que precisa de tempo necessário para se adequar e encontrar uma nova forma de segurança e conforto.

William, um Cônjuge Observador, sabia que a mudança para um novo bairro exigiria dele uma adaptação. Ele havia se preparado durante meses para a mudança para a nova residência, distante apenas uns poucos quilômetros da antiga casa — desde que ele e a esposa decidiram que seria financeiramente benéfica. Levou tempo para que começasse a se acostumar com a ideia, mas, por fim, aceitou. Agora que já aconteceu, precisa de mais tempo para se adaptar do que a esposa. Por exemplo, William não está satisfeito com o novo piso e não gosta da disposição dos móveis. Também resmungou algo a respeito da casa ser longe de mercados. Parece gastar tempo demasiado vendo televisão à toa, enquanto há ainda tantas caixas por abrir.

Enquanto a esposa de William considera a mudança algo empolgante e divertido, ele não se uniu a tal celebração — pelo menos, não ainda. Depois de algumas semanas, quando tiver regulado a "temperatura" e, finalmente, começado a apreciar a mudança, certamente estará participando da nova moradia.

Assim é sua vida com um Observador. Você poupará estresse desnecessário a si e ao casamento, se souber o que esperar.

Em vez de resmungar: "Você disse que aprovava essa mudança. Não entendo por que não está mais feliz", permita que seu cônjuge tenha um pouco mais de tempo para as adaptações..

Mantenha a calma

Uma das coisas mais amorosas que você pode fazer pelo cônjuge com Estilo de Amor Observador é permanecer controlado e calmo quando for tentado a perder a compostura. Essa atitude é especialmente válida quando estiver frustrado com o ele. Claro que é mais fácil falar do que fazer — principalmente se você for um expressivo Arrojado ou Motivador. Aqui está, porém, uma estratégia comprovada que pode ajudar.

> Permaneça calmo ao argumentar; pois a ferocidade transforma o erro em culpa e a verdade em descortesia.
>
> *George Herbert*

Se quiser permanecer calmo mesmo quando seu sangue começar a ferver, tenha em mente que o que quer que o esteja irritando é apenas temporário. Os pesquisadores dizem que as emoções se intensificam quando vemos as circunstâncias como permanentes. Digamos, por exemplo, que você esteja discutindo um assunto importante, como, por exemplo, que escola seus filhos devem frequentar. Você fica frustrado porque seu cônjuge não está dando opinião. Parece que não se quer envolver e ajudar a tomar uma decisão. Você fica tentado a dizer: "Qual é seu problema, hein? Por que não está falando? Tem uma opinião sobre isso ou não tem?". Se agir com base na suposição de que seu cônjuge *jamais* revela seus verdadeiros sentimentos e que *sempre* foi e será assim, tem muito mais chances de explodir emocionalmente do que se presumir que seu cônjuge, daí a pouco, no tempo próprio dele, conversará com você tranquilamente sobre o assunto.

Abraham Lincoln é um grande exemplo de calma e controle. A Guerra de Secessão causou-lhe imenso desespero, tristeza e dor. A fim de se manter calmo o suficiente para lidar com a situação e tomar decisões sábias em meio a circunstâncias tão terríveis e emocionais, dizia com frequência a si mesmo: *Isso também passará.* Empregava essa frase como uma espécie de "mantra" e foi capaz de manter a racionalidade e prosseguir controladamente com seus atos e deveres em um momento tão crucial, em grande parte por recordar a si mesmo, repetidamente, que as circunstâncias, na maioria, são temporárias.

Tente. Da próxima vez que estiver em meio a uma conversa contenciosa com seu cônjuge, lembre-se de que a situação é apenas temporária. Diga para você mesmo: *Isso também passará.* Com certeza, seu nível de frustração diminuirá, e você manterá a paz. E seu cônjuge amará mais você por agir assim.

Doe seu tempo

No famoso musical da Broadway e filme *My Fair Lady*, a personagem Eliza é cortejada por um rapaz chamado Freddy, que escreve cartas de amor para ela todos os dias. A resposta de Eliza a todas essas promessas escritas é gritar em frustração: "Palavras! Palavras! Estou tão cansada de palavras! Não fale sobre estrelas brilhando sobre nós! Se está apaixonado, mostre-me! Não fale sobre o amor que permanece para sempre. Não faça votos eternos. Se você me ama, mostre-me agora!".

> O amor precisa ser nutrido e cultivado e, antes de mais nada, exige tempo.
>
> *David Mace*

Por vezes, o Cônjuge Dedicado sente-se um pouco como Eliza. Pode gostar de ouvir você dizer quanto o ama, mas o que realmente gosta é que vocês dois passem bastante tempo juntos. Agora, se você é uma pessoa com Estilo de Amor Arrojado, com ritmo acelerado, isso pode, às vezes, parecer terrível. Afinal, o tipo de tempo que seu cônjuge deseja não é necessariamente tempo "produtivo". Seu cônjuge só quer que você relaxe e fiquem juntinhos. Nem mesmo precisam conversar.

O Cônjuge Dedicado gostaria muito, por exemplo, que vocês assistissem a um DVD ou à televisão juntos. Ou ficassem juntos lendo livros. Ficar na cozinha, enquanto a comida é preparada, também é ótimo, ou apenas você ficar por perto enquanto o cônjuge trabalha na sala. A atividade não é importante. Nem mesmo conversar é essencial. O importante é estarem juntos.

Se você quer demonstrar mais amor pelo Cônjuge Dedicado, dê-lhe o máximo possível de seu tempo.

Não pressione

Você já viu seu Cônjuge Dedicado congelar e não se mover? Talvez você tenha uma série de coisas para fazer e queira terminar tudo rapidamente para poder reservar uma mesa para jantar em um restaurante do outro lado da cidade. Ou você apressa seu cônjuge para que compre um remédio ali na farmácia enquanto circula o quarteirão porque não consegue achar nenhum lugar para estacionar o carro:

"Salte aqui e vá direto à farmácia. Vou encontrar você do outro lado da rua para não precisar manobrar, o.k.?". "O quê?", pergunta o Observador calmamente. "Vá logo, não posso ficar parado aqui muito tempo", você vocifera. Mas seu cônjuge, simplesmente, fica ali sentado, no banco do carona, quase em torpor. Você fica imaginando o que estará acontecendo. Parece que seu cônjuge está com um bloqueio mental. Então, fala mais categoricamente: "Então? Você vai ou não vai?".

Bem, o motivo de seu Cônjuge Dedicado ter ficado imóvel é você se ter imposto demais. Se quiser que ele se mova, precisa parar de gritar. Berrar causa paralisia em seu cônjuge. O Observador não responde bem à pressão. Na verdade, tende até a retrair-se.

Se quiser motivar o Cônjuge Dedicado, precisa persuadi-lo com gentileza. Diga algo assim: "Já que não conseguimos encontrar uma vaga para estacionar, o que acha de eu o deixar aqui para ir buscar o remédio, enquanto dou uma volta no quarteirão?". Seu cônjuge responderá muito bem a essa proposta. Não parece urgente, nem ruidosa, nem precipitada e pressionadora. Isso faz toda a diferença. Persuadir com gentileza é um dos meios mais práticos de amar o Cônjuge Dedicado.

> Nunca assumo mais trabalho do que possa executar com perfeita paz de espírito.
>
> *John Wesley*

Reconheça a contribuição de seu cônjuge

O valor de seu cônjuge é muitas vezes negligenciado. É essa uma parte tão importante do fundamento que o ajuda a ter um casamento feliz que você simplesmente nem lhe dá o devido valor. Isso se soma à necessidade de seu cônjuge de se sentir mais importante no casamento e pode ser uma excelente oportunidade de demonstrar mais amor.

Recomendamos o seguinte: faça uma lista de algumas contribuições recentes de seu cônjuge ao casamento. Coisas pelas quais está agradecido. Talvez seja o manter uma vida doméstica pacífica. Talvez seja seu comportamento constantemente afetuoso para com os filhos. Talvez seja ajudar você em um projeto. Escreva o que vier à sua mente. Apenas certifique-se de ter um exemplo específico e que seja recente.

Em seguida, escolha um dos itens que listou e escreva uma nota para seu Cônjuge Dedicado. Expresse toda a sua sincera gratidão por essa contribuição para o seu relacionamento. Talvez queira também expressar o fato de muitas vezes não ter valorizado essa contribuição como deveria. O objetivo do escrito é simplesmente que seu cônjuge saiba quanto dá valor à importante contribuição dele. É claro que não precisa necessariamente ser um bilhete; pode dizer a ele pessoalmente. No entanto, se escrever um cartão ou um bilhete, com certeza seu cônjuge o guardará como um tesouro e o lerá de novo de vez em quando, feliz.

> Aquele que raramente fala e, com uma palavra calma e oportuna, consegue calar o tagarela, ou é um gênio ou um herói.
>
> *Johann Kaspar Lavater*

Se já faz algum tempo que não expressa esse tipo de gratidão sincera e específica por seu companheiro, por que não tentar agora? O Cônjuge Dedicado apreciará muito.

O Cônjuge Dedicado sente-se mais amado...
quando o relacionamento é seguro e estável.

Como permanecer saudável com um Cônjuge Dedicado

Uma das coisas mais importantes que pode fazer por seu casamento é permanecer saudável e forte. Se não cuidar de você mesmo, seu casamento poderá sofrer com isso. Portanto, eis algumas maneiras práticas para permanecer saudável se seu cônjuge for um Observador.

Encontre uma saída para a frustração

Você já sabe que seu Cônjuge Dedicado não consegue suportar conflitos. Sabe que simplesmente cogitar uma discussão já o deixa ansioso. O Cônjuge Dedicado desiste e rende-se rapidamente — pelo menos na superfície —, e assim a tensão vai embora. Contudo, isso provavelmente não é suficiente para você. Se tiverem opiniões diferentes, é provável que queira discutir o assunto. Se isso não acontecer, ache uma saída construtiva para a frustração, o que o ajudará a encerrar sentimentos inacabados.

> Promessas feitas na tempestade são esquecidas na bonança.
>
> *Thomas Fuller*

Como conseguir isso? Depende de você e sua personalidade. Se você é Reflexivo, por exemplo, poderá ajudar a escrever seus pensamentos e sentimentos a respeito da desavença. Você pode desabafar livremente em um pedaço de papel, pois ninguém mais o lerá além de você. Se for Arrojado, poderá achar mais construtivo ir para a academia e resolver suas frustrações fazendo exercícios ou caminhar. Se for um Motivador, poderá melhor desabafar suas frustrações com um amigo (desde que seu cônjuge concorde). Já conseguiu ter uma ideia, não? O objetivo é descobrir uma forma de acabar com a frustração quando seu cônjuge cede rapidamente e o deixa com as emoções não resolvidas.

Não considere o pessimismo algo pessoal

Uma vez que seu cônjuge não é tão exuberante e expressivo como outras pessoas, talvez você seja tentado a ver mais pessimismo na comunicação do que realmente existe. Você se pergunta, por exemplo, por que seu Cônjuge Dedicado não demonstra mais entusiasmo por aquela sua nova ideia. Como ele permanece calmo enquanto você a descreve com entusiasmo, você presume que não esteja interessado. Seja isso verdade ou não, de fato não é muito animador ter um cônjuge que permanece calmo quando se está empolgado.

Talvez tenha tido uma bela ideia de como reformar a cozinha. Você acabou de ver um programa de televisão que o inspirou. "O que acha de empurrarmos esta parede um metro e fazermos uma sala de jantar um pouquinho maior?", pergunta você de modo divertido e espontâneo. Seu cônjuge simplesmente olha inexpressivamente para você, espera um momento, e responde: "Eu gosto do jeito que está". Ai! Você sente que foi atingido e está um pouco machucado!

Faça o possível para não tomar isso como algo pessoal. Verdade seja dita, o Cônjuge Dedicado poderá amar a ideia, mas é naturalmente programado para conter o entusiasmo, por uma série de razões. É compreensível que você sinta frustração. Apenas não permita que isso o reprima. Na verdade, pode tentar rir se seu cônjuge não for receptivo. "Sabia que você adoraria a ideia", pode dizer brincando, com um sorriso e um beijo. Seu cônjuge acabará expressando sentimentos positivos. Enquanto isso, porém, encontre alguma forma de o pessimismo não dominar você. O problema não é você nem sua ideia. É o próprio Cônjuge Dedicado, que precisa de tempo para começar a aceitar e gostar da ideia.

Encontre um crítico

Isso pode soar um pouco estranho, mas, como seu cônjuge está tão disposto a ser amável e não causar problemas, poderá ser útil cultivar um relacionamento em que saiba que receberá opiniões sinceras. Claro que ninguém quer exercer apenas o papel de crítico. Não é disso que estamos falando.

Estamos falando sobre um amigo ou colega que dê opiniões sinceras e críticas sobre ideias e projetos quando seu cônjuge não der. Por exemplo, você pode se sentir um pouco inseguro em relação ao seu guarda-roupa e como mantê-lo atualizado. Fica imaginando se algumas coisas nele podem ser doadas. Quando pede uma opinião ao Cônjuge Dedicado, simplesmente ouve: "Acho que ainda fica ótimo em você". Seu cônjuge não vai dizer nada que corra o risco de ferir seus sentimentos ou causar alguma dificuldade no relacionamento. O que você precisa é de um crítico genuíno, alguém que não vai esconder nada de você.

Então, em vez de pressionar seu cônjuge para assumir um papel desconfortável, em vez de se sentir frustrado porque seu cônjuge não age assim, simplesmente encontre uma pessoa amiga que se faça de "crítico" e fale honestamente o que for preciso.

Permita-se sonhar

> Apenas o cinismo que nasce do sucesso é intenso e válido.
>
> *George Jean Nathan*

É provável que tenha parado de sonhar espontaneamente porque seu cônjuge reluta em participar dos sonhos. Afinal, se você fosse projetado, como seu cônjuge, para resistir a mudanças, seu passatempo favorito não seria sonhar com o que pudesse acontecer no futuro. A própria natureza dos sonhos envolve mutação. Se os sonhos persistem, produzem objetivos, e objetivos geram pressão: seu cônjuge não gosta muito disso.

> Nunca ficamos velhos demais para estabelecer outro objetivo ou para sonhar um novo sonho.
>
> *C. S. Lewis*

Se você é um sonhador que sufocou seus sonhos, não desista. Precisa libertar suas inspirações interiores de um modo que não ameace a necessidade de estabilidade do Cônjuge Dedicado.

Poderá ser útil manter um diário ou caderno de notas de sonhos e projetos, onde possa escrever livremente sobre o que imagina que poderia ser ou fazer. Se essa não for sua inclinação, participe de um evento (inclua nele até seu cônjuge, se quiser) que acha que poderá inspirar você. Pode ser desde uma oficina de escrita a um seminário motivacional. Ou busque um amigo seu de confiança disposto a ouvir e falar sobre aspirações e visões do futuro. Claro que não deve esconder nada disso de seu cônjuge. Deve dizer claramente o que está fazendo e por quê. Apenas fale de uma forma compassiva, que ajude seu companheiro a compreender por que suprir essa necessidade é importante para você.

Para reflexão e discussão

1. Como é estar casado com uma pessoa que tem esse Estilo de Amor? Em outras palavras, quais são os benefícios e os desafios de conviver com esse estilo em especial? Seja específico.
2. Agora que tem uma compreensão mais clara do que faz seu cônjuge se sentir mais amado, o que pode fazer amanhã ou nos próximos dias para que isso aconteça? Qual das sugestões deste capítulo relacionadas a amar seu cônjuge parece mais desafiadora? Por quê?
3. Em relação a permanecer saudável com o Estilo de Amor de seu cônjuge, que sugestão neste capítulo acha que mais beneficiaria você? Em termos práticos, como poderia pô-la em prática?

ATIVIDADES DO LIVRO DE EXERCÍCIOS

para o Cônjuge de um Observador

Se estiver usando o livro interativo opcional de exercícios, vá até os exercícios destinados especificamente a aplicar este capítulo ao casamento. São vários exercícios curtos que, com certeza, vivificarão essas informações em seu casamento.

SE O SEU CÔNJUGE FOR UM REFLEXIVO

> Seja mais cuidadoso com o amor do que com qualquer outra coisa.
>
> *E. E. Cummings*

MARCUS ACHOU UMA engenhoca inovadora para usar a pasta de dentes sem gastar demais — um dispositivo de que somente um Cônjuge Cuidadoso poderia realmente gostar. Uma vez instalado na parede do banheiro, o tubo brilhante de alumínio administra a quantidade adequada de pasta em cada escova de dentes. Tudo o que é preciso fazer é empurrar as cerdas da escova no furo da parte de baixo do tubo. O dispositivo guarda o tubo, cada vez mais desfigurado, na sua parte de dentro, enquanto esvazia o conteúdo de forma constante, dia a dia.

"Não é maravilhoso?", Marcus pergunta à esposa. "Não precisamos mais pegar o tubo de pasta de dentes. Não há mais tampa lambuzada nem desperdício de pasta. É perfeito!". É por coisas assim que o Cônjuge Reflexivo anseia: não necessariamente por um porta-dentifrício moderno, mas, sim, por "perfeição". Qualquer que seja o motivo do seu empenho, o que a pessoa com um Estilo de Amor Reflexivo busca é qualidade, perfeição e excelência.

O dicionário define o verbo "avaliar" como "julgar a qualidade de". Você poderá perguntar: "De quê?". Resposta:

"Você é quem sabe". O Cônjuge Cuidadoso julga a qualidade de tudo — até mesmo a sua. Seu cônjuge tem disposição inata para avaliar cuidadosamente tudo e todos. Assim como todos os demais Estilos de Amor, o Reflexivo traz sua cota de bênçãos e desafios para o relacionamento conjugal.

Este capítulo revela exatamente o que você poderá esperar de um Cônjuge Reflexivo, o que ele mais teme e o que é preciso fazer, em termos específicos, para amar seu cônjuge mais e com sucesso. Por fim, revelaremos como você pode permanecer forte e saudável tendo um Cônjuge Cuidadoso.

O que esperar do Reflexivo: o Cônjuge Cuidadoso

Você é casado com uma pessoa introvertida, lógica e analítica. Seu cônjuge, mais do que a maioria das pessoas, é factual, organizado e preciso. É uma pessoa cujo lema é: temos de fazer corretamente. Portanto, pode esperar padrões bem elevados em sua casa. Na verdade, fazer todas as coisas da maneira correta é uma das necessidades mais profundas do Cônjuge Cuidadoso. Seu cônjuge não apenas faz uma pesquisa sobre qual é a melhor máquina fotográfica para comprar pelo melhor preço, como também, depois de comprar a câmera, lê o manual cuidadosamente e o repete de trás para a frente. O Cônjuge Cuidadoso quer saber todas as possibilidades e detalhes da máquina que comprou para tirar as melhores e mais excelentes fotos possíveis. Uma pessoa com um Estilo de Amor Reflexivo não se contenta com nada "pela metade" nem com o que é de qualidade inferior. Não é exagero dizer que seu alvo é, de fato, a total perfeição.

A palavra "avaliar" também significa estimar e calcular; e é exatamente isso que seu cônjuge faz no casamento. Inspeciona e avalia como as coisas são feitas e "sugere" modos de aprimorar. Claro que essas sugestões podem ser mais do que sutis. Como seu cônjuge é mais direcionado para projetos do que para pessoas, às vezes as sugestões podem ser diretamente críticas e agressivas.

"Parece que meu marido não consegue parar de me criticar", diz a esposa de um Marido Cuidadoso. "Um exemplo: a refeição das crianças. Ele acha que elas precisam comer pelo menos dois legumes na refeição. Tudo bem. Eu me asseguro de que seja assim. Então, ele já inventa outra coisa, como achar que as crianças vão para cama mais tarde do que deveriam ir. Às vezes, faz com que eu me sinta uma mãe terrível — mesmo sabendo que não sou." Os Reflexivos têm um jeito todo peculiar de fazer isso: sentam-se em um trono idealizado por eles, criam leis e proferem veredictos.

Há momentos em que seu cônjuge responde devagar e com cautela e, às vezes, de maneira indireta — principalmente se não estiver muito certo de quais são as suas intenções. Você pode simplesmente querer saber como foi o almoço dele com um amigo, mas seu cônjuge pensa que há segundas intenções por trás da sua pergunta. Por isso, age com reserva e mesmo suspeita, até que o motivo pelo qual está perguntando seja esclarecido.

Pode estar certo de que seu cônjuge é sensível ao que os outros pensam — principalmente às suas opiniões e avaliações. Um comentário negativo de sua parte deixa o Reflexivo preocupado.

> Por mais que nos esforcemos em busca da perfeição, o resultado final de nosso esforço é uma incrível variedade de imperfeições.
>
> *Samuel McChord Crothers*

Se você for um pouco impaciente, pode ter certeza de que sua paciência será submetida à prova quando seu cônjuge estiver decidindo alguma coisa. Por quê? Porque estará determinado a tomar a melhor decisão possível, e chegar a ela será de fato, para você, angustiante. Uma vez, porém, que haja decidido, dificilmente mudará de opinião.

Apesar destas características mais desafiadoras, seu cônjuge pode ser uma das pessoas mais excelentes que você há de conhecer. Seu Cônjuge Cuidadoso não quer apenas o melhor para si em tudo que faz, mas quer também o melhor para você e o casamento.

O que seu cônjuge mais quer de você

- Bastante informação, clara e detalhada
- Respeito por seu espaço
- Tempo para fazer as coisas corretamente
- Valorização do seu esforço
- Tempo para pensar
- Justificativa satisfatória para qualquer desvio das normas

O que o Cônjuge Cuidadoso mais teme

Um dos maiores medos de seu companheiro é cometer um erro. Como o Cônjuge Cuidadoso é tão meticuloso com praticamente todos os detalhes, trabalha diligentemente para que nada seja deixado ao acaso. O Reflexivo trata de todas as bases, considera todas as possibilidades e, às vezes, fica até mesmo preocupado e obcecado pelos resultados. É por isso que um erro no mundo de seu cônjuge é tão terrível. O senso de fracasso causado pelo erro é um sentimento quase insuportável para o Cônjuge Cuidadoso. Sua dignidade depende de ser competente e eficaz. Um simples engano, aos olhos de seu cônjuge, é como uma fenda que poderia levar ao fracasso completo.

> Não temos de ser perfeitos para sermos uma bênção. É preciso apenas que sejamos verdadeiros, confiando na perfeição de Cristo para cobrir nossa imperfeição.
>
> *Gigi Graham Tchividjian*

Além de temer cometer um erro, seu cônjuge teme comprometer seus padrões. Se ainda não sabe, fique sabendo que os padrões de seu cônjuge são elevados. São altos seus objetivos — nas pequenas e grandes coisas. O Cônjuge Cuidadoso possui regras de como a casa deve ser (e permanecer) corretamente limpa, sobre como dirigir corretamente um carro e como administrar corretamente o dinheiro. É claro que tem normas também sobre caráter e integridade. Na verdade, seu cônjuge tem leis para praticamente tudo. E, se alguma coisa ou alguém fizer algo que comprometa esses padrões, entra em imediata reação. Torna-se provavelmente hipercrítico e extremamente mal-humorado.

> Tenha como alvo o sucesso, não a perfeição. Nunca abra mão do direito de estar errado, porque então perderá a capacidade de aprender coisas novas e seguir em frente com sua vida.
>
> *David M. Burns*

Outro medo do Cônjuge Cuidadoso é ser mal interpretado. Seu cônjuge teme que você não saiba o que ele realmente sente ou pensa. Em uma conversa, seu cônjuge pode achar que você está tirando conclusões apressadas ou lendo nas entrelinhas alguma coisa que não era sua intenção, e a resposta poderá ser: "Você simplesmente não me compreende". É evidente que esse temor reflete-se em um tom condenatório que pode fazer com que você se sinta inadequado ou estúpido. Contudo, podemos interpretar esse temor, em nível mais profundo, como o medo de perder sua estima e amor.

Como amar o Cônjuge Cuidadoso

Todos querem ter um casamento feliz, e o casamento feliz é resultado de duas pessoas dando o máximo de si — com ambos os cônjuges operando em suas melhores condições e toda a força de suas personalidades inatas. Tendo isso em mente, apresentamos a seguir algumas atitudes específicas que devem garantir que seu cônjuge possa funcionar com base nos aspectos positivos de sua personalidade dada por Deus. Elas também o ajudarão a honrar o Estilo de Amor de seu cônjuge.

Cumpra o que diz

O Cônjuge Cuidadoso pode ser exigente. Você sabe disso. Pode ser útil saber que essas exigências, geralmente, originam-se de níveis elevados de ansiedade, que se exteriorizam quando você não "corresponde" aos altos padrões dele. Naturalmente que os padrões podem não ser legítimos, mas a ansiedade que seu cônjuge vivencia é real. Em outras palavras, ele se sente extremamente apreensivo quando você quebra uma promessa ou não cumpre prazos, ou não alcança os objetivos. Se disser que vai limpar o armário antes do fim de semana e chega sexta-feira à noite e ainda não fez o que disse, seu cônjuge começa a achar que você não é digno de confiança. Começa a imaginar que outros projetos também deixarão de ser realizados. A ansiedade aumenta, e a tensão no casamento se eleva.

Evidentemente, a tendência humana é, em geral, de contrariar expectativas aparentemente despropositadas como as desse cônjuge — como o gramado deve ser aparado, como as contas deveriam ser pagas, como a despensa deve ser organizada, e assim por diante. Se, porém, você conseguir suportar, sugerimos que faça o possível para finalizar seus projetos, grandes ou pequenos, de forma que possa agradar a seu Cônjuge Cuidadoso.

> A maior prova de amor é a confiança.
> *Dr. Joyce Brothers*

Ao agir assim, seu cônjuge não apenas se sentirá mais amado, como também diminuirá o nível de ansiedade dele em relação a você — e isso ajuda muito a relaxar os padrões elevados dele.

Você poderá auxiliar seu cônjuge a aliviar os padrões de perfeição mantendo-o informado de seu progresso. Simplesmente, diga algo do tipo: "Estou progredindo muito naquele projeto que você queria que eu fizesse. Está avançando bastante". Um comentário desse tipo alivia o fardo do Reflexivo; ajuda o Cônjuge Cuidadoso a respirar mais facilmente e faz com que se sinta mais confortável.

> Seja paciente com todas as coisas, mas, principalmente, tenha paciência com você mesmo. Não desanime analisando as próprias imperfeições, mas, imediatamente, dedique-se a remediá-las — cada dia comece a tarefa outra vez.
>
> *São Francisco de Sales*

Vamos deixar claro. Se você costuma quebrar promessas, poderá então demonstrar mais amor por seu Cônjuge Cuidadoso não apenas cumprindo realmente o que se propõe fazer, mas também concluindo os projetos de um modo que deixe seu cônjuge feliz. Lembre-se: poucas coisas fazem o Cônjuge Cuidadoso se sentir mais amado do que alcançar padrões elevados.

Proporcione estabilidade

Se deseja mais paz e alegria no casamento, se quer ter a certeza de que as necessidades do Cônjuge Cuidadoso estão sendo supridas, proporcione-lhe estabilidade. Seu cônjuge ama a estabilidade. Precisa de um forte sentido de ordem na vida para poder funcionar a pleno vapor. Quanto mais ordem e estabilidade lhe proporcionar, mais amoroso seu cônjuge será com você.

Como fazer isso? Comece respeitando as rotinas diárias. Por exemplo, seu cônjuge poderá gostar de começar o dia lendo o jornal durante o café da manhã — sem ser interrompido, por dez minutos ou mais. Anote isso. Talvez seja aquele último gole de café ou, talvez, quando o garfo é colocado virado em cima do prato. Pode ter certeza de que seu Cônjuge Cuidadoso está sinalizando que concluiu sua rotina. Talvez você precise se segurar e respirar fundo para respeitar o ritual todo, mas, se o fizer, terá um cônjuge mais feliz nas mãos.

Também pode proporcionar mais estabilidade ao mundo de seu cônjuge esforçando-se por manter o cronograma. Isso significa fazer tudo que puder para evitar pedidos ou anúncios de última hora que obriguem o Cônjuge Cuidadoso a reorganizar seus planos sem aviso prévio. Se você é uma pessoa que deixa tudo para em cima da hora e tem um Estilo de Amor Motivador, precisará se adaptar o melhor possível para suprir essa necessidade, mas garantimos que será recompensador.

Massageie o ego, não brinque em serviço

Sejamos diretos: seu cônjuge é sensível. Treme de terror de ser zombado ou ridicularizado — principalmente na frente dos outros. Quem tem um Estilo de Amor Reflexivo fará qualquer coisa para evitar esse tipo de constrangimento. Se você é do tipo que gosta de mandar de vez em quando uma mensagenzinha, brincar usando de um comentário sarcástico, atenção! Essa atitude retrai seu cônjuge e não ajudará a mensagem a chegar ao destino. O maior medo dos Reflexivos é ver seu trabalho criticado, pois se identificam profundamente com a qualidade deste.

Seu cônjuge leva a vida muito a sério e quer apoio e encorajamento. Talvez possa ouvir seu Cônjuge Cuidadoso dizer: "Não ria de mim". Se você tem um Estilo de Amor Motivador, é provável que o provoque de novo e de novo ria. Não faça isso. Com seu cônjuge, não. Abandone os comentários sarcásticos, mesmo se ditos levemente, de brincadeira.

Em vez disso, deixe que seu Cônjuge Cuidadoso saiba quanto você o ama e apoia. Faça perguntas do tipo: "Quer alguma ajuda? O que posso fazer por você?". Uau! Essa atitude atrairá a atenção de seu cônjuge. Ou, então, diga: "Quero que saiba que farei tudo o que puder para ajudar você a terminar esse projeto. Apenas me diga o quê". Assim, você proporciona ao Reflexivo uma base sólida de apoio. Tendo feito isso, pode abrandar gentilmente a crítica. "Ontem à noite, no jantar, eu sei que você estava tentando ajudar quando disse à cozinheira que ela poderia ter usado um pouco de cominho na sopa, mas será que isso pegou bem?". Essa abordagem é bem melhor do que dizer (principalmente em público): "Olha só, adivinha quem agora quer dar aulas de culinária!". O enfoque gentil permite que seu cônjuge ouça a crítica sem precisar se defender, constrangido, desses dardos sarcásticos. Outros podem saber lidar com o sarcasmo. Não seu cônjuge. Você poderá demonstrar mais amor por ele não se esquecendo desse detalhe.

> A compreensão de que eu não tinha de ser perfeito fortaleceu a minha fé.
> *John Olerud*

Proporcione espaço e quietude

O Cônjuge Cuidadoso precisa ter espaço para respirar, um lugar para a reflexão tranquila. Seu cônjuge precisa de um espaço que seja zona proibida para os outros. O Reflexivo não gosta de que você ou outra pessoa mexa em suas coisas. Não quer que você pegue o "seu" grampeador emprestado. "Você deve ter o próprio grampeador", dirá. Fica "maluco" se, ao pegar a caneta favorita, vê que está toda pegajosa. "Quem andou mexendo nas minhas coisas?", pergunta. Seu cônjuge não quer que você, seus filhos, amigos, babá, quem quer que seja, use o computador, a escrivaninha ou seja lá o que for dele. Seu cônjuge precisa, enfim, de espaço para ficar livre de barulho, conversa e agitação.

A propósito, isso se aplica não apenas ao espaço físico. Seu cônjuge também precisa de espaço emocional. O Cônjuge Cuidadoso não gosta que lhe façam perguntas como um repórter. Em vez disso, permita que fale sobre seu dia, à medida que a noite se desenrola, no tempo dele. Se perceber que algo está pesando no coração dele, não pergunte: "O que há de errado com você?". Em vez disso, diga: "Percebo que você não está se sentindo bem e quero que saiba que estou aqui quando quiser falar sobre isso". Essa atitude dá espaço para seu cônjuge falar sem se sentir sufocado.

> Não tenha medo da perfeição — você nunca a alcançará.
>
> *Salvador Dali*

A fim de demonstrar mais amor por seu Cônjuge Cuidadoso, equilibre a necessidade de apoio e a necessidade de espaço. Afinal, seu cônjuge é tanto inclinado ao apoio como ao espaço — principalmente se você for um Cônjuge Encorajador, cujo apoio é tipicamente tão sutil quanto uma banda marcial.

Como transmitir apoio e ao mesmo tempo dar espaço ao Reflexivo? Em uma palavra: *cuidadosamente*. É isso que seu cônjuge mais aprecia. É o que faz com que o Cônjuge Cuidadoso se sinta amado. Seu cônjuge quer uma atitude cuidadosa, que não passe por cima dos sentimentos, mas que também não mantenha você tão afastado que se torne distante. É preciso você encontrar um meio-termo nas emoções — e, por favor, fique longe das "coisas" dele.

Mantenha o casamento abastecido de gratidão

Os pesquisadores chamam de "limiar de resposta" o grau máximo de desordem a que se pode chegar até que um dos cônjuges resolva se incomodar o suficiente para realizar uma tarefa não realizada pelo outro. A tarefa pode ser algo como retirar o lixo acumulado ou abastecer o carro com tanque a nível zero. Indivíduos com baixo limiar de resposta para uma tarefa específica são levados a realizar a tarefa antes dos que tenham limiar mais alto. Em seu casamento, é certo que seu Cônjuge Cuidadoso sairá na frente.

Por exemplo, se seu cônjuge fica aborrecido quando o lixo atinge a borda da lata, mas você não se aborrece até que o lixo se espalhe pelo chão, seu cônjuge o recolherá antes que você seja compelido a fazê-lo. Se a diferença nos limiares de resposta de vocês for significativa, você nunca esvaziará a lata de lixo, pois o Cônjuge Cuidadoso sempre cuidará disso antes que o lixo o perturbe, possivelmente antes mesmo que você repare no lixo.

> O que é importante para um relacionamento é a harmonia dos papéis emocionais.
>
> *Mira Komarovsky*

Se o limiar de um dos cônjuges é mais baixo que o do outro, então esse primeiro cônjuge assumirá mais tarefas na casa. E aqui está a questão decisiva: indiferentemente de quem faz o que e com que frequência, o fator crítico encontrado em casamentos bem-sucedidos é que esse trabalho é legitimamente apreciado — essa gratidão é expressa genuína e frequentemente.

Como você está se saindo nessa área, com seu Cônjuge Cuidadoso? Se sente que poderia expressar com mais frequência sua gratidão por ações específicas (não compulsivas) de serviço, queremos encorajar você a que realmente o faça. Qualquer pessoa com um Estilo de Amor Reflexivo viceja com esse tipo de consideração.

O Cônjuge Cuidadoso sente-se mais amado... quando você se esforça ao máximo para fazer as coisas corretamente, ao mesmo tempo em que proporciona apoio contínuo e uma vida a dois estável.

Como permanecer saudável com um Cônjuge Cuidadoso

Uma das coisas mais importantes que pode fazer por seu casamento é permanecer saudável e forte. Se não cuidar de você mesmo, seu casamento pode sofrer com isso. Portanto, eis aqui algumas maneiras práticas para permanecer saudável, se seu cônjuge for um Reflexivo.

Encontre o próprio espaço

Destacamos que seu cônjuge precisa de espaço próprio, onde suas coisas não sejam tocadas e tudo possa estar "perfeito". Bem, se você não é inclinado a ser tão organizado e impecável como ele, precisa haver um lugar sobre o qual você e seu cônjuge concordem em que você terá permissão para ser tão descuidado e desorganizado quanto quer. Esse espaço pode ser uma parte da casa, uma simples escrivaninha, uma parte da garagem, um canto do porão.

> Reafirme seu direito de cometer alguns erros. Se as pessoas não conseguem aceitar suas imperfeições, elas é que estão errando.
>
> *David M. Burns*

Se não há um lugar assim, é preciso não apenas você criar um, mas também deixar que seu Cônjuge Cuidadoso saiba que esse lugar está fora dos limites de qualquer compulsão de organização. A verdade é que, assim como você respeita o espaço do seu Cônjuge Cuidadoso, seu Cônjuge Cuidadoso precisa respeitar seu direito a ter um espaço seu.

Desista da culpa

Os padrões elevados de seu cônjuge estão repletos de oportunidades para fazê-lo sentir-se culpado. Inevitavelmente, você cometerá erros e o decepcionará, porque é um ser humano. Nenhum ser humano consegue sempre corresponder a padrões muito altos. Simplesmente, isso não é possível. É aí que entram os sentimentos de culpa.

Claro que existe uma grande diferença entre a culpa verdadeira e a falsa culpa. Não corresponder a padrões elevados resulta em falsa culpa e remorso — o tipo de culpa que ninguém merece sentir. "O remorso é um temível desperdício de energia", disse a escritora Katherine Mansfield. "Não conseguimos construir sobre ele; serve apenas para chafurdar."

> O amor surge quando a manipulação acaba; quando pensamos mais sobre a outra pessoa do que sobre como ela reage a nós. Quando ousamos nos revelar plenamente. Quando ousamos ficar vulneráveis.
>
> *Dra. Joyce Brothers*

Portanto, seja gentil consigo mesmo e preste atenção em sua autopunição. Não perca mais nenhum minuto chafurdando em remorso e culpa, que nem deveria sentir. Como? Compreendendo quanto isso é irracional. A culpa verdadeira é baseada em fatos sólidos, como quebrar uma lei conhecida ou um código moral. A falsa culpa fundamenta-se em sentimentos. Isso é tudo. Você presume que, porque se *sente* culpado, então *é* culpado. Mas esse não é o caso. Se seu cônjuge está distribuindo passagens grátis para a viagem da culpa, recuse gentilmente. Você e seu casamento ficarão melhores sem isso.

Faça parte da rotina

Como seu cônjuge vive de acordo com cronogramas, rituais e rotinas, você pode usar isso em seu favor para conseguir o tempo que deseja com o Cônjuge Cuidadoso. Por exemplo, seu cônjuge pode gostar de se demorar por alguns minutos à mesa do jantar depois que as crianças já debandaram. Resista à tentação de juntar os pratos ou ler o jornal e faça desse momento seu "tempo juntos". Se não funcionar, tente nas ações matinais. Talvez depois do café da manhã, tomando um copo de suco etc. Você já captou a ideia. Tudo que precisa fazer é descobrir um ritual que já esteja presente na vida de seu cônjuge e encontrar ali um lugar para você.

Uma vez que faça isso, o Cônjuge Cuidadoso não vai querer perder esse momento. É pessoa com hábitos estabelecidos. Enquanto isso for constante, ele também o será.

Conserve o senso de humor

Como seu Cônjuge Cuidadoso é inclinado ao mau humor e leva a vida muito a sério, isso poderá refrear seu senso de humor. Embora possa não estar gargalhando com você o tempo todo, seu cônjuge, provavelmente aprecia seu humor. Quanto mais alegria puder trazer à vida do Cônjuge Cuidadoso, melhor será seu casamento. A biógrafa e ensaísta Agnes Repplier, conhecida por seu bom senso e julgamento adequado, diz: "Não podemos realmente amar alguém com quem nunca rimos". É verdade. Quanto mais vocês rirem juntos, mais amorosos se tornam.

> Tenho cuidado para não confundir excelência com perfeição. Excelência, posso alcançar; perfeição é assunto de Deus.
>
> *Michael J. Fox*

O senso de humor também o ajudará a manter a objetividade quando se sentir capturado pelo jeito perfeccionista do Cônjuge Cuidadoso. Ajudará você a afastar-se um pouco para ver a situação com mais clareza (e será útil para evitar a falsa culpa incitada pelas expectativas perfeccionistas). Digamos que derrubou alguns farelos de bolo no chão. "Olha o que fez!", exclama seu cônjuge. Você pode ficar inclinado a retrair-se. Na verdade, não é o fim do mundo. Pode dizer com um sorriso e um beijo: "Acho que vamos sobreviver". O brilho em seus olhos, enquanto limpa o chão, envia uma mensagem alegre para o cônjuge. Mais importante ainda: ajuda você a manter sua objetividade e permanecer em paz.

O riso já foi chamado de "tranquilizante sem efeitos colaterais". O riso leva o estresse embora e o mantém sereno. Parafraseando Henry Ward Beecher, "um casamento sem senso de humor é como um vagão sem mola — é sacudido por toda pedrinha do caminho".

> Um diamante com uma falha vale mais do que um seixo sem imperfeições.
>
> *Provérbio chinês*

Para reflexão e discussão

1. Como é estar casado com uma pessoa que tem esse Estilo de Amor? Em outras palavras, quais são os benefícios e os desafios de conviver com esse estilo em especial? Seja específico.

2. Agora que tem uma compreensão mais clara do que faz seu cônjuge se sentir mais amado, o que pode fazer amanhã ou nos próximos dias para que isso aconteça? Qual das sugestões deste capítulo relacionadas a amar seu cônjuge parece mais desafiadora? Por quê?

3. Em relação a permanecer saudável com o Estilo de Amor de seu cônjuge, que sugestão neste capítulo acha que mais beneficiaria você? Em termos práticos, como poderia pô-la em prática?

ATIVIDADES DO LIVRO DE EXERCÍCIOS

para o Cônjuge de um Reflexivo

Se estiver usando o livro opcional interativo de exercícios, vá até os exercícios destinados especificamente a aplicar este capítulo ao casamento. São vários exercícios curtos que, com certeza, vivificarão essas informações em seu casamento.

Epílogo

RECEBENDO O AMOR QUE DESEJA

> O encontro de duas personalidades é como o contato de duas substâncias químicas; se houver alguma reação, ambas serão transformadas.
>
> *Carl Gustav Jung*

VIOLET BAILEY e o noivo, Samuel Booth, profundamente apaixonados, passeavam em um campo na Inglaterra, em 1941. Um anel de noivado de diamantes cintilava no dedo de Violet — era o seu bem mais precioso.

Todavia, como pode acontecer com os casais, algo foi dito que magoou os sentimentos um do outro, e iniciou-se uma discussão, que cresceu. No momento de maior tensão, Violet ficou tão enfurecida que tirou o anel de diamantes do dedo e lançou o bem precioso com toda a força no campo. O anel voou pelos ares, caiu no chão e enterrou-se sob a grama de tal forma que era impossível ver onde estava.

Mais tarde, Samuel e Violet se reconciliaram. Ambos concordaram que a discussão fora uma tolice. Ansioso por encontrar o anel perdido, caminharam e caminharam pelo campo, procurando-o. Nunca o acharam.

Dois meses depois se casaram. Tiveram um filho e, anos depois, um neto. Parte da tradição da família era a história do anel de noivado perdido. Todos conheciam a história, mesmo décadas mais tarde.

> O amor é a chave mestra que abre os portões da felicidade.
>
> *Oliver Wendell Holmes*

Violet e Samuel envelheceram juntos, e, em 1993, Samuel morreu. Quinze anos se passaram, mas o anel não foi esquecido. Um dia, o neto de Violet teve uma ideia. Talvez pudesse encontrar o anel de sua avó com um detector de metais. Tendo nas mãos um detector recém-adquirido, foi até o campo onde Violet arremessara seu tesouro, sessenta e sete anos atrás. Ligou o aparelho e começou a percorrer o campo, sacudindo o detector em cima da grama. Depois de duas horas de busca, finalmente encontrou o que estava procurando.

Mais tarde, com imensa alegria e orgulho, o neto depositou o anel de diamantes na mão de sua estupefata avó Violet. O precioso bem finalmente voltara para casa.[1]

Pode imaginar como seria encontrar algo que buscara esperançosamente por mais de seis décadas? É claro que a história é agridoce. Embora tenha sido encontrado, Samuel não estava lá para, finalmente, colocar o anel perdido no dedo de Violet. Ela havia encontrado o que havia tanto procurado, mas, diriam muitos, foi tarde demais.

Não permita que o mesmo aconteça em seu casamento. É claro que não estamos falando sobre perder um anel, mas de algo muito mais precioso. Estamos falando sobre perder dias, que se transformem em anos, nos quais não dê e receba o amor que deseja e como deseja.

Escrevemos este livro e criamos a avaliação *on-line* de Estilo de A.M.O.R. para garantir que não aconteça isso

---

[1] It Wasn't All Bad, **The Week**, p. 4, 15 fev. 2008.

com você. Concluiremos destacando exatamente o que a experiência de descobrir seu Estilo único de Amor pode fazer pelo seu relacionamento conjugal. Especificamente, nós o deixamos com dois pontos importantes.

Ninguém vive segundo um rótulo

Nós lhe dissemos no começo, mas vale a pena repetir. Apresentamos os quatro Estilos de Amor de maneira intencionalmente simplista e um tanto exagerada. As descrições e características dos estilos servem mais como ponto de partida para compreender melhor o conjunto único de nuances e misturas de Estilos de Amor inatos a cada um. Você pode ser 70% de Cônjuge Líder e 30% de Cônjuge Encorajador. Pode ser qualquer combinação de todos os quatro estilos. Cada um de nós é único e singular.

Não esperamos que concorde com cada ponto que se centralize em você e em seu Estilo de Amor. É provável que concorde com algumas áreas e discorde de outras. É assim que deve ser.

Mais uma vez, o objetivo dessa experiência não é colocar cada um em uma caixa nem dar um rótulo que possa resumir a pessoa. Ao considerar os quadros do Modelo de A.M.O.R., pense no quanto de sua personalidade é moldado por ser Direcionado para Projetos ou Direcionado para Pessoas e no quanto é moldado por ter Ritmo Acelerado ou Ritmo Lento. Naturalmente que sua avaliação *on-line* poderá revelar que está quase no meio de uma dessas duas dimensões. Por isso, encorajamos você a deixar que tal avaliação torne essa jornada para você muito mais relevante e pessoal.

Tenha em mente a visão do todo

Compreender os Estilos de Amor únicos de cada um de vocês dois é simplesmente uma ferramenta para ajudar vocês a dar e receber o amor que desejam, sem terem de esperar. Ao olhar profundamente sua constituição interior para o amor, esperamos haver ajudado cada um de vocês dois a entrar no mundo um do outro. Esperamos ter ajudado você a ver o que o seu cônjuge teme no relacionamento conjugal e que você saiba o que esperar; ter mostrado como pode ser um cônjuge melhor com sua constituição inata particular e como pode demonstrar mais amor por seu cônjuge ao comparar e contrastar seus estilos.

> O amor é a condição na qual a felicidade de outra pessoa é essencial para a própria felicidade.
> *Robert Heinlein*

Resumindo, esperamos ter apresentado uma ferramenta para a empatia — a capacidade de ver o mundo pela perspectiva do outro. Claro que há mais na empatia do que apenas compreender as personalidades. Somos moldados também por experiências de vida, contexto familiar, costumes culturais, e assim por diante. No entanto, compreender com precisão as complexidades da personalidade de cada um ajuda muito a empatia mútua a impactar profundamente o casamento.

E por que tudo isso importa tanto? Porque a empatia, não importa qual seja o Estilo de Amor, está no coração de cada casamento saudável. É ela que permite que andemos nas pisadas de alguém sem pisar nos dedos de ninguém. Centenas de pesquisas apontam para o imensurável valor da empatia no casamento. Você possui agora um dos melhores meios para desfrutar essa empatia em seu relacionamento.

Albert Schweitzer foi médico e músico, ganhador do Prêmio Nobel da Paz em 1952. Eis a mensagem que deixou para nós ao morrer: "Não sei qual o destino de vocês, mas de uma coisa certamente

> A empatia mútua é o grande dom humano não celebrado.
> *Jean Baker Miller*

eu sei: os únicos entre vocês que serão realmente felizes são aqueles que procurarem e descobrirem como servir".

Esta é a mensagem que deixamos com este livro. O nível de felicidade no casamento depende do quanto vocês servirem um ao outro, dando ao cônjuge — ele ou ela, seja Líder, Encorajador, Dedicado, Cuidadoso ou qualquer combinação dos quatro — o tipo de amor de que precisa e deseja.

> Amamos não quando encontramos a pessoa perfeita, mas quando aprendemos a ver com perfeição uma pessoa imperfeita.
>
> *Sam Keen*

APÊNDICE

APÊNDICE:

Comparando os quatro Estilos de Amor

	A	M	O	R
Título	Arrojado: O Cônjuge Líder	Motivador: O Cônjuge Encorajador	Observador: O Cônjuge Dedicado	Reflexivo: O Cônjuge Cuidadoso
Descrição	Executor	Conversador	Observador	Pensador
Motivação	Poder	Popularidade	Paz	Perfeição
Necessidade	Controle	Prazer	Harmonia	Excelência
Medo	Fracasso	Rejeição	Conflito	Mediocridade
Satisfação	Poupar tempo	Receber aprovação	Conquistar lealdade	Alcançar qualidade
Lema	Se valer a pena fazer, faça-o agora.	Se valer a pena fazer, que seja divertido.	Se valer a pena fazer, façamos juntos.	Se valer a pena fazer, vale a pena fazer certo.

Na melhor condição	Centrado em objetivos Focado Autoconfiante Visionário Trabalhador	Amante da diversão Positivo Persuasivo Sociável Encorajador	Leal Agradável Previdente Tolerante Afetuoso	Metódico Consciencioso Organizado Resoluto Factual
Na pior condição	Teimoso Insensível Irritado Temperamental Dominador	Evita conflitos Dramático Foge das tarefas Procrastinador Esquecido	Introvertido Indeciso Resistente a mudanças Não se entusiasma Gosta de agradar	Obsessivo Crítico Mal-humorado Desconfiado Rígido
Definição de amor	Comprometer-se e agir para construir um futuro juntos.	Ser atencioso e compartilhar afeto e aceitação um com o outro.	Ter certeza de que estamos na mesma equipe.	Ser cuidadoso, preciso e verdadeiro para com nossas responsabilidades e padrões.
Abordagem de conflito	Vamos encontrar uma solução rápida.	Vamos trabalhar juntos para resolver.	Você pode me deixar pensar primeiro sozinho?	Deixe-me considerar todos os ângulos.
Perspectiva	"O copo está meio cheio — desde que eu esteja no controle."	"O copo está meio cheio — e contém mais do que você imagina."	"O copo está meio vazio — mas juntos conseguiremos."	"O copo está meio vazio — e provavelmente vazando."

AGRADECIMENTOS

Agradecemos a....

Zondervan. Dudley Delffs, Sandy Vander Zicht, Becky Philpott, Tom Dean, Joyce Ondersma, Jackie Aldridge e a todos da Zondervan Publishing House que trabalharam para que este livro viesse a existir. É mais um em uma longa série de projetos que desenvolvemos juntos e estamos muito agradecidos por compartilhar esta história com vocês.

The Unity Media Group, Boise, Idaho. Michael Boerner e sua criativa equipe, entre eles Ken Holsinger, Jason Behrman, Debbie Kling, Rich Granberry e a todos os demais da Unity, que acrescentam inestimável valor a tudo o que tocam. A inovação que atribuíram à orientação personalizada que agora somos capazes de prestar *on-line* com este conteúdo é maravilhosa.

Evan e Elena Johnson da Imigri, Seattle, Washington. Não podemos agradecer o suficiente por sua generosidade ao nos oferecer seus talentos para o *design* da capa e para o pequeno grupo de produção do DVD que acompanha este livro. Suas digitais estão em todo este trabalho.

Rodney Cox, da Ministry Insights International, Scottsdale, Arizona. Você é um grande amigo, e seu ensino sensível destes princípios tornou possível este projeto. Ele simplesmente não existiria sem seu espírito generoso e amável encorajamento.

Ron Price, da Price Associates, Boise, Idaho. Sua competência em nos mostrar como tornar acessível uma avaliação de personalidade sofisticada é um verdadeiro dom.

Sealy Yates, da Yates and Yates, Orange, Califórnia. Nunca o subestimamos. Você faz mais por nós do que qualquer escritor poderia pedir. Estamos muito agradecidos por seu apoio. E estamos ainda mais agradecidos por podermos contar com você como um grande amigo. Por sua causa, nunca esqueceremos nosso aniversário de 25 anos de casados!

Church Communication Network, localizada praticamente em qualquer lugar (literalmente). Bill e Betina Dallas e colegas, como Jay Mitchell, Terry Rouch, Johanna Cabrera, Sarah Schleiger, Deb Fahey, Deb Layman, Kim Wood e Patti Christensen, por possibilitarem que este esforço tenha um alcance insondável. Estamos alegres por fazer parte da equipe de vocês.

Janice Lundquist, Chicago, Illinois. Não sabemos como consegue fazer o que faz estando meio continente distante de nós, mas você, consistentemente, reúne os detalhes de nossa vida — semana após semana, ano após ano. E faz isso com muita graça. Não podemos imaginar este trajeto sem você.

Amigos como Mark e Stephanie Cole, Rich e Linda Simons, George e Liz Toles, Tim e Britney Gaydos, Kevin e Robin Small, James e Nancy Smith, Steve e Jewel Harmon, Steve e Thanne Moore, Kevin e Kathy Lunn, Mark e Candi Brown, Doug e Margo Engberg, Loran e Brenda Lichty, Jeff e Stacy Kemp, Ken e Stacey Coleman, Mark e Geri Bottles e Steve e Barb Uhlmann. Todos vocês nos concederam seus comentários e conselhos de várias formas e em diversas etapas durante este projeto. Estamos agradecidos — e somos abençoados por tê-los como amigos.

Muito obrigado a todos.

Les e Leslie Parrott
Seattle, Washington

SOBRE OS AUTORES

Os drs. Les e Leslie Parrott são fundadores e codiretores do Centro de Desenvolvimento de Relacionamentos da Seattle Pacific University (SPU), programa pioneiro dedicado a ensinar o essencial para alcançar bons relacionamentos. Les Parrott é professor de psicologia na SPU, e Leslie é terapeuta matrimonial e familiar na SPU. Os Parrott escreveram *Becoming Soul Mates* [Tornando-se almas gêmeas], *Your Time-Starved Marriage* [Sem tempo para o casamento], *Love Talk* [Conversa de amor], *The Parent You Want to Be* [Os pais que vocês desejam ser] e o livro premiado com o Golden Medallion Award, *Saving Your Marriage Before it Starts* [Salvando o casamento antes de começar]. Os Parrott já foram entrevistados nos programas *Oprah, CBS This Morning,* CNN e *The View,* assim como na *USA Today* e no *New York Times.* São frequentemente convidados como conferencistas e têm escrito para uma série de revistas. Seu programa de rádio, *Love Talk,* pode ser ouvido em emissoras espalhadas por toda a América do Norte. Seu *site* — RealRelationships.com — inclui mais de mil vídeos gratuitos respondendo a perguntas sobre relacionamento. Les e Leslie vivem em Seattle, Washington, com seus dois filhos.

Esta obra foi composta em *Avenir LT Std* e *Minion Pro*
e impressa por Imprensa da Fé sobre papel
Offset 63 g/m² para Editora Vida.